OPENING TO CHANNEL

how to connect with your guide

サネヤ・ロウマン＆デュエン・パッカー著　中村知子訳

オープニング・トゥ・チャネル

あなたの内なるガイドとつながる方法

ナチュラルスピリット

OPENING TO CHANNEL
by Sanaya Roman and Duane Packer.

Japanese translation rights arranged with H J Kramer Inc. in California
through The Asano Agency, Inc. in Tokyo.

チャネリングの能力を開こうとしているすべての人たちへ――
その成長へ向かう勇気と、人類すべてに対する貢献のために。

はじめに

「チャネリングを始めて以来、私のハートはいつも開いているようです。世界がまったく違ったふうに見えます。人がより親密に接してくれるようになり、自分自身でいることにもっと喜びを感じられるようになりました。たくさんの素晴らしい人々に出会ってきました。人生がこんなに素晴らしいものだなんて信じられません」

——ガイドとのつながりを持つある女性の言葉

❖チャネリングで人生が変わる

サネヤとデュエン

この本のメッセージは「チャネリングは習得できる技術である」ということです。チャネリングをすると、高次元のガイドやハイアーセルフ、あるいは根源の自己につながる広大な意識に入れるようになります。チャネリングを行うのに、スピリチュアルに進化を遂げていたり、サイキックである必要はありません。それよりもむしろ忍耐、辛抱強さ、ガイドとつながりたいと強く願う心が大切です。

私たちはみなさんにコンシャス・チャネラー——ガイドが語ることを認識しながら、伝達する人——になることをお勧めします。高次の領域のガイドを感じたり見たり聞いたり、意識的にメッセージを取りこむために、波動を上げる方法を学んでいきましょう。以前はガイドとつながる人は「ミディアム（霊媒）」「超能力者」という名称で呼ばれていました。現在この呼び名は「チャネラー」に置き換えられています。トランス状態でのチャネリングを指すのに「トランス・チャネリング」という用語が使われることもありますが、本書では単純に「チャネリング」とだけ表記しています。

チャネリングは本当にあるのでしょうか？　科学者たちが超常現象を偽物だと証明しようとして、目に見える現象以上の何かがあるのを確信したケースは何百件とあります。そうした科学者の多くは、後にチャネリングの支持者になったり、みずからチャネラーになっていきました。たとえ一般的な方法でチャネリングの真偽を証明できなくても、チャネリングによってたくさんの人が人生をポジティブな方向へと変えているのです。

ここ数年来、私たちと私たちのガイドであるオリンとダベンは、数百もの人たちにチャネリングを教え、その能力の向上につとめてきました。参加者はみんな「チャネリングしたい」という強い願望を持っていました。みんな人生が良いほうへ向かっていると報告してくれます。「世界を以前よりポジティブにとらえ、より広い視点から物事を見られるようになった」、「自分自身や他の人に対して、もっと思いやりを持てるようになった」

と彼らは言います。ほとんど全員が新しい在り方を学び、目的に対する明確なヴィジョンを持ち、内なる声を高いレベルで信頼することを通して、人生を変化させ、繁栄に導いています。「充足感が湧き出てくる」と参加者はみな口々に言います。何かと闘うのでなく、ただ流れに乗っているのを感じるようです。少しずつですが、多くの人々が人生に高次元の秩序、より深い意味や目的を見出しています。多くの人々がチャネリングこそ自分が探し求めてきた覚醒に向かう大きな前進であり、その乗り物であることを発見しています。

私たちはチャネリングを学んだ後で、個人的また精神的に大きな飛躍を遂げた数々の例を目にしてきました。人生の内面――関係性、感情、自己価値の感覚――においてポジティブに成長するだけでなく、現実的な側面でも成長しています。親たちはもっと気づきを持って子供の可能性を伸ばすことに取り組むようになり、夫婦は新しい次元でコミュニケーションするようになり、二人の間により深い絆ができたことに気づき始めたのです。みんな他の人をサポートしたり、理解し、許すことがずっと楽になっていることにも気づいています。さらに住む場所や仕事も自分がどんな人間で、何をするのが好きかということに沿うようになってきています。

チャネリングはより高い次元への方向性を見出し、それを体験することを助けてくれます。チャネリングでどこまで到達できるのか、どんな発見ができるのか、どんな情報が開示されるのか、個人としてどこまで広がっていくことができるのか、その限界は計り知れません。

オリンとダベンは、チャネリングから恐怖や神秘を取り去ろうとしています。私たちの生徒で、ガイドと関わって悪い体験をした人はいません。彼らはみな自分の意志で高次元のガイドとつながってきました。本書でご紹介する安全にチャネリング能力を開発するエクササイズを活用したのです。

内なるガイダンスを信頼し、さらにチャネルを開いていくための最初の一歩として、この本の情報を使ってみることをお勧めします。自分の体験に合ったものを使い、そうでないものは無視してかまいません。この本に記されている情報は、私たちが実際の体験から得た真実だということを心にとめておいてください。さらに詳しい情報が知りたければ、あなたのガイドかハイアーセルフに尋ねて受け取った情報を信頼してください。チャネリングの体験はあまりにも奥が深く膨大なものなので、すべてを一冊の本にまとめるのは不可能です。あなた自身が高次元の領域を探究し、発見し、遊べば遊ぶほど、チャネリングについて記された文献が増えていくでしょう。自分の体験に誇りを持ち、誠実な姿勢を保ち続けてください。

チャネリング能力が開いていくと、周りの人々の能力も開きやすくなります。チャネリング能力が開いていくにつれ、どんどん高次元の知恵とつながっていきますが、冒険心に満ち、喜びに満ち、自由でいてください。これから出会う素晴らしい冒険にご招待しましょう。

❖本書の使い方

この本はチャネリング・コースのテキストとしても使えます。全体はⅣ部で構成されており、第Ⅰ部「チャネリングの紹介」(1章から5章)では、チャネリングの背景となる知識をお伝えしています。チャネリングをするとどんな感じがするか、ガイドとは誰か、ガイドはどんなふうにコミュニケーションしてくるか、チャネリングする準備ができていることはどうしたらわかるのか説明しています。第Ⅱ部「チャネルを開く」（6章から9章）は、チャネリングを学ぶコースのテキストに使うことができます。6章の最初の二つのエクササイズ（「リラックス状態に入る」「焦点を保ち集中する」）が上手にできるようになったら、残りのエクササイズをして7章に進んでください。するとエクササイズを始めたその日の午後には口頭でチャネリングできるようになるでしょう。自分のペースで進み、あなたが良いと思った時に完了してください。このプロセスを一日で終えてしまう人もいれば、数週間以上かかる人もいるでしょう。

第Ⅲ部「チャネリングの体験談」（10章から13章）では、私たちがチャネリング能力を開発した当時の体験や生徒たちの体験を紹介しています。ここには、チャネリング能力が開く時にありがちな問題についての体験談や、あなたが同じような問題に直面した時の対処法が記されています。第Ⅳ部「チャネリングを上達させる」（14章から17章）では、オリンとダベンによるチャネリングを上達させるためのガイダンス、質疑応答、起こりうる疑いや恐れ、能力が開いた後の変化について記されています。その変化にはスピリチュアルな成長の加速や肉体的な変化も含まれます。

オープニング・トゥ・チャネル　†目次

第I部　チャネリングについて

第Ⅲ部　チャネリングの体験談

原書出版社より発刊の言葉——読者のみなさんへ

私たちが出版するこの本は、これから出現するであろう世界に貢献するためのものです。
その世界は競争よりも協調、疑いよりも人類のスピリットに基づいた主張に、
そして人類はすべてつながっているという確信に根ざしています。
私たちのゴールは、より良い世界へ向けてのメッセージを持って、
できるだけ多くの人生に触れていくことです。

序章

❖ なぜチャネリングを教えるのでしょうか？

サネヤ

それは一九八四年十一月二十三日、感謝祭の翌日のことでした。感謝祭のお祝いの時、デュエンと私は友だちと一緒にチャネリングや瞑想をして楽しんでいました。何かワクワクするような期待感が漂っていて、その場にいたメンバー全員が、その日のチャネリングを通して新しい何かが起こるという情報を受け取っていました。友だちのエドとアメリンダは、その日に子供が生まれることを予知しました。そこでみんなでその赤ちゃんの肉体的な転生へ向けての旅に意識を合わせ、体験を分かち合いました。その週末のテーマは、そこに居合わせた全員にとって誕生と再誕生だったようです。

デュエンと私は二人で過ごしたり、ときには一人で過ごす時間を持つために、教えていたクラスやワークからしばらく離れることにしました。そして近くの湖にあるデュエンのゴムボートに乗る計画を立てました。北カリフォルニアの十一月の夜にしては、とても暖かい気候でした。私たちは安らぎと平和を感じていて、湖へ出発する前に一緒にチャネリングすることにしました。それまでの数カ月の間も、私たちのガイドであるオリンとダベンに人生のより高い目的について質問をしてきたのです。

オリンは、私たちが興味を持ちそうな、ごくありきたりな個人的な事柄について無邪気に語り始めました。それから、どうしたら真の意味で人類に奉仕し、個人的なゴールとスピリチュアルな道の探究を合わせていけるのかについて知りたいかどうか尋ねてきました。もちろん「もっと知りたい！」と答えると、オリンは人類に何が起こりつつあるのか、そして起こってきたのかを、銀河系や宇宙の変化、地球に影響を与えているエネルギーのことも関連づけて話してくれました。さらにこれから起こる波動の変化と、人類の運命に与えるであろうインパクトについて議論し、そうした変化の中で人々がどうやって喜びを見出すことができるかを話してくれました。オリンが時々中断すると、デュエンのガイドであるダベンがまるで順番を待っていたかのように、すかさずテンポを崩さず今後五年のうちに膨大な数の人たちのチャネリング能力が開き、十年後にはその数がさらに増えると言うのです。スピリチュアルな存在として人類の自我が目覚め、スピリチュアルな進化と成長への願いが高まります。オリンとダベンは、スピリチュアルな目覚めをサポートするだけでなく、新たなエネルギーを理解し実際に使うためガイダンスが必要となってくるだろうと言います。人々のオーラにある「スピリチュアルなきらめき」がより輝き出します。より高いレベルの意識に到達し、悟りに至る能力が、多くの人々のものになっていくと言うのです。

オリンとダベンはチャネリング――高次元のガイドやハイアーセルフとつながり口頭で情報を伝えること――が、スピリチュアルに目覚めていく一つの鍵になると言います。新しい体験をするのに役立ちます。オリンとダベンはこうしたサポートのもとに、チャネリングを教えることを私たちに勧めてくれました。そしてこれからの時代は、一人ひとりがパワーを拡大し、直接的に体験していくことが重要だと告げました。この本の読者のなかから、内なるガイダンスに対する信頼を学び、チャネリング能力が自然に開いていく人がたくさん出てくるでしょう。外側の世界ではなく、自分の内面からやってくる教師を見出すでしょう。その教師はあなたの内面ですでに育まれ、知恵をもたらしてくれるのです。オリンとダベンはチャネリングの能力を開く人たちが、高次元のガイドに助けられているか、高次元のガイダンスを見分けられるか、スピリチュアルな目的でチャネリングを使っているかを確かめたいと言いました。

そしてチャネリングのコースを開くことを提案したのです。「三ヵ月は準備期間として費やしてください。コースそのもので使うエクササイズを伝えると同時に、コースの参加者がチャネリングの準備をするための情報や誘導瞑想を伝えます。もしチャネリングを教えることを決心したら、様々なことを全部一つにまとめるのにたくさんの時間が必要なので二年間は準備に費やしてください」と言ってきました。このメッセージを受け取った後、私たちはチャネリングを教えたいという内なる願いを再確認することができました。

その頃私は「アース・ライフ」という一連のコースを教えていました。それはオリンによるスピリチュアルな成長のためのコースで、私自身や参加者の意識の向上を助けてくれる内容でした。思い起こすと、これらのクラスは人々がより高いエネルギーの領域で生き、ハートを開き、ネガティブなものを開放し、より高い目的を見出す準備をさせてくれたのです。こうした技術はチャネリングの準備に役立ちました。参加者全員がチャネラーになったわけではありませんが、高次の法則に従う人たちの多くがガイドやハイアーセルフの存在を感じ始め、より強く意識的なつながりを求めていきました。この時のコースで伝えられた情報は、オリンによって『リヴィング・ウィズ・ジョイ』『パーソナル・パワー』（マホロバアート刊）という本にまとめられました。

感謝祭の翌日まで、デュエンと私は一緒に仕事をしたり、スキルを分かち合ったりするなんて一度も考えたことがなかったのです。それでも考えれば考えるほど、それは自然なことのように思われました。チャネリングを教えることは、面白い挑戦のように思えました。そんなことできるのだろうか？　ガイドは本当にサポートしてくれるのだろうか？　オリンとダベンが参加者一人ひとりをガイドやハイアーセルフにつなげられることとは、以前見たことがあったので知っていました。しかし、デュエンも私も一度に参加者全員のチャネリング能力を開くことを教えたことは一度もありませんでした。当時はチャネリングの能力を開くには数カ月かかるのが普通でしたが、オリンとダベンは週末のコースで教えることを提案してきたのです。

私たちには彼らが楽観的すぎるように思われました。多くの人がチャネリングは難しくて、ほんのひと握りの特別な人たちだけができるものだと思いこんでいることは知っていました。能力を開くのに何年もトレーニングしたという人もいれば、生まれつき超能力を持っている人にだけ能力が開くと主張する人もいました。高次元のガイドは特別な人のところにだけやってくるので、高次元のヒーリング力のあるマスターを呼ぶべきではないという人もいました。オリンとダベンは、今は地球にとって非常に重要な過渡期だから、高次元のガイドがたくさんきて、私たちをとても助けたがっているとはっきり言いました。また、過去においてはチャネリングの能力を開くことは何年も特別な訓練をしたり、生まれつき才能に恵まれた人だけに許されたもので、つい最近までそれほど多くのガイドはきていなかったそうです。今は様々な理由で――人類のオーラの変化と、地球自体の波動の変化などによって――たくさんの人がガイドとつながりチャネリングできるようになっているのです。

　オリンとダベンは、チャネリングは、そうしたいという願いや意志があれば、習得できる技術であると言いました。チャネリングの能力を開くのに何年も瞑想する必要もなければ、超能力者である必要もなく、過去生でチャネラーである必要もありません。オリンとダベンは意識的にガイドをチャネリングする方法を教えたがっていました。意識的でいれば、チャネリングしている内容を聞き、自分がつながるガイドを選ぶことができます。そうするとガイドのより高い知恵を聞き、チャネリングする人自身も精神的に成長できるのです。オリンとダベンは本書で紹介するエクササイズの方法に従い、高次元のガイドやハイアーセルフとつながるように意図してから始める方法が安全でよいと思っていました。

　デュエンはダベンに「コースを始める前にチャネリングできるようになるか確かめ、証明できる結果が欲しいのです。そうでなければやりません」と言いました。彼はガイドが言うように、本当にチャネリングしたいと思う人たちが全員できるようになるかどうか知りたかったのです。私たちは一ヵ月、ああでもないこうでもないと考えて過ごしました。そんなことできるのだろうか？　たくさんの人たちに週末のコースで一度にチャネルを開き、高い領域へ行って高次元のガイダンスとつながることを教えられるのだろうか？

オリンとダベンはさらなる指示を送ってくる前に、私たちに疑いや疑問を解決する時間を与えてくれました。彼らは私とデュエンがなるべく自分たちで解決することを望んでおり、すべての手を尽くし疲れ果てた時にはじめて私たちのもとへくることを好みました。経験してきた限りでは、ガイドたちは個人の独創性を制限することはなく、むしろ独創性を刺激します。私たちはみんなにチャネリングを教え、どうなるかを見守ることにしました。オリンとダベンは「全員がガイドとつながりを持つまでにはそれほど時間はかからず、思ったより簡単にいくでしょう」と言いました。そして参加者が高次元の世界の扉に入るためのサポートを私たちにして欲しいと思っていました。疑問がなくなると、ガイダンスによって実際のチャネリングのプロセスやコースの構成がとても楽に伝わってきました。最終的には、興味を持って集まってくる人がいる限り、できるだけ頻繁にコースを開くことに私たちは同意しました。予定していた湖へは結局一度もボートを乗りに行きませんでしたが、エドとアメリンダのもとにはちゃんと感謝祭の翌日に赤ちゃんが生まれました。それは私たち全員にとって新たな始まりとなったのです。

最初のクラスは大成功でした。全員がチャネリングを習得し、それから二年の間、コースで何百人という人たちにチャネリングの方法を指導しました。今はチャネリングが習得できる技術であることに満足しています。集まってくる人たちの年齢層は十八才から七十才までと幅広く、様々な人生を送り、職業の種類も多様でした。ガイドが言った通り、何年も瞑想したり前もって準備をしたり超能力的な経験を持っている必要はなく、チャネリングについてあまりよく知らない人でも、チャネリングを習得することができました。参加者に共通していたのは、ガイドやハイアーセルフにつながりたいという強い願いでした。

参加者はみなチャネリングできるようになり、それは思っていたよりずっと簡単でした。参加者の多くと交流を持ち続け、その成長と変化を見守り続けてきました。参加者からたくさんの質問を受けました。またチャネリングを続けていく上での疑い、挑戦、抵抗、精神的な目覚め、希望、夢などについての洞察を与えてくれました。参加者と私たち自身の体験や、オリンとダベンからの追加のガイダンスを通して、どうしたらより明晰で意識的なチャネルになれるのかを見出しました。

オリンとダベンは次に「本を通じてチャネリングを教えたい」と言ってきました。彼らは私たちが学んだことすべてやエクササイズを分かち合い、チャネリングしたいと思っている人々が簡単にガイダンスを受け取れるようになることを望んでいたのです。私たちはこの本を通してコースで行ったエクササイズを分かち合っています。コースに参加しなくてもガイドやハイアーセルフとつながれるように、オリンとダベンによってこの本は用意されました。オリンとダベンのエネルギーは、呼べばいつでもそこにあります。私たちは最初のうち本を通じてチャネリングを学べるものかどうか疑っていたのですが、オリンとダベンは可能だと約束してくれました。彼らは「私たち、人ひとりのガイドやハイアーセルフがつながりを持つ助けとなり、高次の領域からチャネリングできるようになるためにさらに強い助けがきます」と言いました。

最初の頃、私たちはガイダンスによってチャネリング・コースに参加する準備のための本をまとめましたが、その内容の多くはここにも含まれています。私たちは多くの人々の間にその本が広まっているのを知り、読んだだけで自然にチャネリングの能力が開く人がいるのを耳にするようになりました。ある女性が自宅へ向かう飛行機の中で本を読んでいました。内容を幾分疑いながらも、彼女はその本を膝の上に置いてこう言いました

「本当にガイドがいるなら、名前を教えてください」。するとどこからかガイドが名前を告げる声がして、エネルギーの流れを突然感じました。その瞬間、チャネリングについての彼女の信念が変わり、スピリチュアルなガイドとつながる道を辿るようになりました。他にもたくさんの人たちがこの本のエクササイズを利用して、ガイドやハイアーセルフとつながっています。

本書では、ガイドをどうやってチャネリングするかに焦点を当てています。紹介するすべてのプロセスは、ハイアーセルフをチャネリングするのにも利用できます。ガイドよりもハイアーセルフをチャネリングしたい時は、始める前にハイアーセルフにつながるように意図してください。オリンの本『スピリチュアル・グロース』（マホロバアート刊）は、特にハイアーセルフとつながること、チャネリングすること、みずからがハイアーセルフになることに役立つので読むことをお勧めします。

高次元のガイドやハイアーセルフとのつながりは習得できるものです。ガイダンス、インスピレーション、根源の知恵へのつながりを得ることができます。ガイドとつながりたいと願うなら、今すぐ求めてください。この本は、様々なエピソードやチャネリングされた情報、そしてチャネリングを習得していくプロセスを分かち合い、チャネリングを教えることができるところまで書いてあります。本を読みながら、気になるところや特別なメッセージがあるように思える部分に注目してください。チャネリングを始めるにあたり、その部分をガイドやハイアーセルフからの最初のメッセージとして受け取ってください。

第I部 † チャネリングについて

1章 チャネリングの世界へようこそ

❖ チャネリングとは？

オリンとダベン

チャネリングの世界へようこそ！　あなたのチャネルをより高次元の領域へと開くことで飛躍的な進化が遂げられます。チャネリングはスピリチュアルな能力を開き、意識的に変容するためのとてもパワフルな手段です。チャネリングをすると、高次元の領域への橋が築かれます――その領域は愛と思いやりにあふれ、ある特定の目的を持った高次元の集合意識です。それは「神」、「すべて在るもの」、「宇宙的マインド」などとも呼ばれてきました。

チャネリングをすることで、
既存の、あるいは未来の概念、知識、知恵を
知ることができます。

「チャネリングをする」ということは、高次元のガイドやハイアーセルフとつながり、高次元の領域にアクセスすることです。ガイドやハイアーセルフは、あなたに理解してもらえるように高い波動から降りてきます。チャネリングをする時は、意識的にマインドや精神状態を切り替え、「トランス」と呼ばれる意識の広がった状態に入ります。トランス状態に入るには、意識を集中する練習を行い、自分の思考を脇によけ、高次元のガイダンスに対して受容的になる必要があります。受容的な状態でいると、より高いエネルギーを引きこむ器になることが可能となり、良い結果を生み出すことができるのです。

あなたには生まれながらにして、こうした高次元の領域に到達する能力があります。インスピレーションがやってくる時、内なるガイダンスがやってくる時、創造性が湧き起こってくる時には、高次元の領域と直接つながっているのです。でもこの領域に到達することは必ずしも容易ではなく、「いつでもできること」ではないでしょう。ガイドたちは、もともと私たちに備わっている高次元の領域とつながる才能を伸ばすサポートをしてくれます。エネルギー的な後押しをしてくれたり、新しい方向へ成長する機会を与えてくれたり、先生役や解説者となって高い次元のなかを進んでいく能力を伸ばす方法を教えてくれます。ガイドたちは心地良く、

高い目的に合ったやり方で、より高いところに到達できるよう助けてくれます。

ガイドはいつもみなさんのそばにいて、愛情を注ぎ、勇気づけ、サポートしてくれる友だちのようなものです。

ガイドは、あなたが内側で知っていることを発見させてくれます。ガイドと交信すればするほど、高次元の領域とのより強くオープンで洗練され、安定したつながりを保てるようになります。高いバイブレーションが直接マインドに入ってくるので、より頻繁に、直感的で信頼できる気づきを得たり、すぐに内側のガイダンスや知恵にアクセスできるようになります。

チャネリングは、大いなる愛への扉です。高次元の領域は愛に満ちあふれています。チャネリングはときには刺激となり、ときには励ましとなり、ときにはサポートとなってくれます。ガイドの最終目標は、あなたをパワフルで自立した自信に満ちた人にすることです。ガイドとの完全な関係にはいつも変わらぬ愛、完全な理解、尽きることのない慈悲という特質があります。あなたのガイドもこのような特質を備えているのです。

チャネリングは、求めている賢い教師を与えてくれます。
それは、外側よりもむしろ内側からやってきます。

チャネリングは大いなる理解をもたらし、「なぜ、私はここにいるのか」、「人生の意味は何か」といった質問への答えを見せてくれます。たとえて言うなら、それは視界が開けている山の頂上に登っていくようなものです。現実の性質についてさらに発見し、自分自身と他人について学び、より全体を包括するような視点で人生を見るためのものです。それは自分が今置かれている状況の、より大きな意味を理解させてくれるものです。ガイドはごくありきたりな日常の問題から、もっとも深遠でスピリチュアルな問いかけへの答えまでをも見つける手助けをしてくれます。チャネリングはヒーリングや教育など、人生のあらゆる分野で創造性を発揮するために使えます。高次元の領域にアクセスすると、偉大な知恵、英知、発明、芸術作品、哲学、詩など、あらゆる種類の発見を引き出すことができます。

私たちオリンとダベンは光の存在です。高次元にいる私たちの目的は、あなたがより早く進化できるように、高次元の領域にチャネルを開くお手伝いをすることです。私たちは大いなる愛を抱いています。だから、あなたができるだけ楽に喜びと共に成長し、高いところへ行けるように力になりたいのです。このコースは、ガイドやハイアーセルフとつながることを目的に構成されています。

私たちは「チャネリングとは何か」、「どうしたらこの生まれつきの才能を伸ばしていけるか」を理解できるようにサポートしたいと思っています。チャネリングは思ったより簡単かもしれません。あまりにも自然な感じなので、始めは自分がガイドや内なる根源につながったとは信じられない人たちもいるようです。

この本に書いてある内容は、はじめてチャネリングをしようと思っている人や、何年もかけて自己発見の道を歩んできた人のために役立つでしょう。高次元のガイドたちと低次元の存在を区別する方法や、ガイドからのアドバイスが信頼できるものかどうか区別する方法が学べます。あなたに可能な限り高次元のガイドとつながる方法も説明します。もしチャネラーになりたいという強い気持ちがあれば——それは私たちの願いでもありますが——その機会を提供します。

高次元のガイドのアドバイスに反しても
自分自身の内なるガイダンスに従うことを勧めます。

この本を読む時、自分自身の存在のもっとも深いところで真実であると感じた情報だけを使うようにしてください。そうでない情報は捨ててください。自分自身の内なるガイダンスとメッセージを信頼してください。あなたは無限の可能性を秘めた、特別でユニークな存在なのです。内なる神性に今まで以上に気づいてほしいと思います。

❖ チャネリングに可能なこと、不可能なこと

オリンとダベン

チャネリングは、世界に変化をもたらすためのお手伝いをするものです。それはあなたがまだ苦労することを選択しているのに、苦労しなくなるということではありません。ただ、望むなら努力なしで物事を実行する方法を学ぶこともできるということなのです。それは、あらゆるものが自分のもとにやってくるから、何もしないでただリラックスしていればよいという意味ではありません。望んだものをつくり出せるという大いなる感覚を養い、実現のためのより簡単な方法を見つけることができるということなのです。ガイドのアドバイスに従ってチャネリングを続ければ、感情の性質に変化が現れてきます。落ちこんだり、不安になったり、重たい感情にとらわれることがあまりなくなります。

高次元のガイドは、乗っ取ったりコントロールをしたりしません。

チャネリングで、問題がすべて解決されるわけではありません。チャネリングは自分をこう変えたいと思っている方向に変えてくれるだけなのです。知恵の言葉を使いこなせるのはあなただけです。行動を起こし、仕

事を実現し、外の世界に表現していくのはあなたなのです。人生に対する責任から逃れることはできません。チャネリングはすべてを癒し、すべてを終わらせてくれるものではないのです。先程も述べたように、チャネリングは成長や学びのチャンスに出会った時、その歩みを早めてくれるだけなのです。ある時ふと自分が経験を積み、人生のなかで前々から抱えてきた問題をたくさん解決してしまっていることに気づくかもしれません。経験していくことのなかには最初は心地良くないものもあるでしょうが、その経験は究極的にはより大きな喜びやパワーにつながっていきます。小さな変化にも心を開いてください。努力は思った以上に実りあるものになるでしょう。どんなに些細な努力でも、それがガイドのアドバイスや自分が目的とする方向に沿うものである限り、素晴らしい変化や報酬を生み出してくれます。その報酬は、いつも想像したとおりの形でやってくるとは限らないので、うれしい驚きに心を開いていることが大切です。

チャネリングは、もっと自分を愛することを学ぶのに役立ちます。

チャネリングは人々に愛されたり、名声や人気を得ることを約束するものでもありません。それよりもむしろ、深い思いやりをもって他の人たちを理解することを教えてくれます。自分を客観的に見られるようになり、普段持っている偏見から開放してくれます。こうした積み重ねによって、自分をもっと愛せるようになっていきます。チャネリングは魂の道を増幅し、明確にしてくれます。より高い次元の道を歩んでいくことで、名声を得たり人に認められたり人気を集めたりすることもあるでしょう。でもこうした物事は、以前ほど重要ではなくなっていきます。

❖ チャネリングはどんなことに使えるでしょう？

オリンとダベン

高次元の知恵や個人的なガイダンスを受け取る以外に、戯曲を書いたり、音楽、作詞のような創造的チャレンジのためにチャネリングを使う人たちもいます。絵画、彫刻、陶芸、その他さまざまな種類の手工芸をつくるために使う人たちもいます。カウンセリングをしたり、何かを教えたり、セラピー、ヒーリング、ボディワークといった方面で使う人たちもいます。また、様々なイベントを企画する時に、チャネリングしている状態やガイドの高い波動を使い、演技や監督、プロデュースといった方面で創造性を伸ばしている人もいます。ガイドとの関係は一つひとつが異なり、ユニークな個性にあふれています。あるガイドは詩的で、あるガイドはインスピレーション豊かで、またあるガイドは教育的な性格を持っています。自分に本をチャネリングする能力があることに気づき、すでに「書かれていた」かのように容易に本を書く人もいるでしょう。チャネリングは物を書くには理想的です。チャネリングによって、絶えず安定したインスピレーションと情報の根源につながることが可能になります。

チャネリングは、創造性を大きく拡張します。

芸術家たちは「光のトランス状態を保っていれば、目を開けたままガイドたちを呼び寄せてチャネリングすることができる」と言っています。そういう人たちの絵画や彫刻は、手を動かす前からすでにヴィジョンとして現れているのです。なかには頭のなかに絵があるのをあらかじめ知っているかのように手が本能的に動いて、絵を描いていくと感じる人もいます。多くの場合、かすかな意識の変性状態を体験しているのです。この状態だと、いつもよりリラックスし、通常の体験を超えた感動の豊かさに敏感でいることができるのです。

多くの音楽家は、チャネリングを学んでから楽に作曲できるようになったと言います。そして自分独自のスタイルに深みが増しているのを発見しています。音楽を創作している時の状態が、自然なチャネリングの状態だと気づいた人もいます。ガイドにつながることで、この状態はもっと幅広く質の高いものになっていきます。よりしっかりと安定した創造的な流れを音楽家にもたらしてくれます。トランス状態に入ることで、自分が音楽と共にもっと流れることができるようになると気づいた人たちもいます。そうした場合、知的な方法よりもむしろ直感的な方法で作曲するようになります。ある有名な音楽家が、16トラックの曲を別々の時にチャネリングしました。後でそれをすべて同時に演奏してみると、一回で完全な一つの曲として成立してしまったそうです。

人々は自分にどんな運動が合っているのか、どんな食習慣、どんな食物が合っているのか、精神修養は何が一番いいのかなど、高次の知恵にチューニングしながら発見してきました。こんなふうに高次元の領域とのつながりを役立て、自分で色々な方法を見つけ出していってください。

❖ チャネリングの準備ができていることはどうしたらわかりますか？

オリンとダベン

優れたチャネラーになった人たちは自立しており、セルフ・コントロールを楽しんでいます。チャネリングの能力を上達させた人たちは、好奇心旺盛でオープンな考えの持ち主が多いようです。彼らはまた意識的で、繊細で、自分の感情とつながっています。新しい技術や知識を学んだり、それに目を開いていくことを楽しんでいます。創造的分野に関わる人――作家、ヒーラー、セラピスト、詩人、音楽家、芸術家、プランナー、デザイナーなど――はみんな生まれついてのチャネラーなのです。チャネリングをする人たちは、様々な人生を歩んでいてあらゆる職業についています。ガイドがもっとも大切にしているのは献身的で熱意があること、そしてチャネラーになりたいという意欲です。知性的な人、直感的な人、物事を自分で考えることが好きな人、真実に重きをおき、高次の知恵を理解することができる人は、良いチャネリングができるようになります。

チャネリングをする人たちは他の人にも親切です。誠実で一生懸命仕事をします。何かの計画に従事している時は、熱心にそれをやり遂げようとします。鮮明な想像力があり、白昼夢を見たり夢想にふけるのが好きです。他の人々が何を必要としているのかを理解し、家族や友人の面倒見もいいそうです。でも人間関係のなかで、時々何が事実で何が想像なのか区別がつかなくなることもあります。それはチャネリングをすると、人々の現在の姿よりも、その人の潜在能力のほうに注目するようになるからです。

ガイドは個人としての力を伸ばしたり、スピリチュアルな成長をする過程で、新しい次元に到達するのを助けてくれます。

物事を成し遂げることのできる人たちは高い評価を得ます。私たちは人生が完璧にうまくいくことを期待しているわけではなく、人生に調和をもたらすためにつながりを持つのです。人生がうまくいくことは本当に大切です。共にワークすることに深い愛情を持ち、それを遊び心いっぱいにやっていける人たちとつながりたいと思っています。そして、私たちとつながるチャンスを喜んで受け入れてくれる人たちを探しています。

もっとも高次元のガイドは、与えられた情報を自分の能力で最大限に使いこなし大事にする人たちのところへやってきます。私たちはスピリチュアルなことに関心を持ち、忍耐強く、情熱のある人たちに興味がありま す。高次元のガイドとして、今この瞬間に変化をもたらし、人類に貢献し、共同創造しながら共にワークするためにここにいるのです。真剣に関わり、サポートするために全力をつくしています。また、あなたのほうからも真剣に私たちと関わり、共にワークしてくれるように願っています。ワークのために時間を取り、共にワークしてくれる人たちを尊重します。それは、私たちにとって最大の贈り物だからです。

他の人たちの助けになりたいという強い気持ちを持ったり、周りの人々が健やかであることを気遣うこともまた高次元のガイドを引きつけやすくします。チャネリングをすると周りの世界の波動が高まるので、どちらにしても常に他人に奉仕することになります。どんな方法を使うにしても――仕事を通じて、個人的にあるいは家族生活のなかで、創造的な冒険を通じて――他人に奉仕している人なら誰でも高次元のガイドを引き寄せることができます。他人を癒したり助けたりすることは、どの程度までそれをするかに関わらず自分を成長させてくれます。

高次元のガイドを引き寄せる能力を、怖がったり疑ったりしないでください。この道を歩む仲間は大勢いて、私たちは奉仕をするためにここにいるのです。ガイドは、一度あなたが私たちとつながる道に突き進んで行きたいという気持ちを持ち始めると、それを手伝うためにあらゆることをします。私たちは人類全体に高次元の意識をもたらすと同時に、あなたにも高次元の意識をもたらしたいと思っています。

ある調査結果によると
チャネリングをしている人たちは、
よりグラウンディングしており、
しっかりと人生に向き合っていると感じているようです。

チャネリングを学ぶと、あまりにもどこかへ「行ってしまう」感じになったり、「宙に浮いた」感じになってしまい、現実との接点を失ってしまうのではないかと心配する人たちもいます。そういう人はすでに人生の雑多で現実的な事柄をこなしていくのに精一杯なので、もっと地に足をつけることが必要だと思っているようです。私たちはチャネリングがグラウンディングに役立つ例を見てきました。よりセンタリングして、日常的な事柄を効率的に処理するのに役立つ例も見てきました。

チャネリングをしたりガイドとつながると、自己のアイデンティティを失うかガイドの存在感に「呑みこまれてしまう」と思っている人もいるようです。高次元のガイドは人生を乗っ取ったりしません。チャネリングは、コントロールを放棄することではありません。ガイドたちにはガイドたちの人生があり、その意図はスピリチュアルな道で奉仕することです。あなたのアイデンティティは保たれ、むしろ自己の感覚が拡大したように感じられるでしょう。自分の境界を、以前よりも楽に設定し定義づけることができるでしょう。ガイドたちに乗っ取られるどころか、彼らといる時こそ自分がもっとパワフルでバランスがとれて、明晰な考え方をするようになっていることに気づくでしょう。ある人は自己の境界を失い、ガイドにコントロールされてしまうのではないかと心配していました。しかしチャネリングを学んだ後、その人は前よりも人生をコントロールし、かつてないほど自己が統合された感じがすると語っています。

チャネルが開いたら、否定的なものや低次の存在に対して抵抗力がなくなるのではないかと恐れている人もいます。実際はあなたには抵抗力があります。低次の存在は否定的な感じがするので、簡単に見分けられるはずです。ただどっしりと構えて、そういうものに去ってくれるように頼めばよいのです。オリンとダベンを呼ぶのもいいし、誰でもいいから高次元の教師、たとえばキリストや守護天使を呼ぶのもいいでしょう。こうした存在は、低次の存在よりもはるかにパワフルです。いったん高次元のガイドを呼ぶと、意識的なチャネリングの有無に関わらずガイドたちはあなたを守護し始めます。ちょっとした好奇心から低次の存在と接触しないようくれぐれもみなさんにお願いと警告をしておきます。

あなたは高次元のガイドとつながることができます。
唯一の条件は、そうしたいという願望と意図を持つことです。

メタフィジカル*なものに興味があり、チャネリングによって書かれた本や、セルフヘルプの本、ＳＦ小説、

*メタフィジカル……物質世界を超えた世界。霊的なものや精神世界。

心理学についての本を読んだことがある人、またそうした本に書かれている概念を楽しむことができる人、こうした人たちは高次元のガイドをチャネリングする能力があります。大衆的思考を一歩超えたものに引かれる傾向があり、何かのムーヴメントの最先端や最前線にいるのが好きな人は、チャネリングをする準備ができています。チャネリングを始めたら、明晰なチャネルでいるために以下のようなことが役立ちます。トランス状態を保ち心理的なものに焦点を当てる能力を磨くこと、肉体的健康を保つこと、感情的安定をはかることなど。こうしたことはより高次元の知恵に到達するために役立ちます。

チャネリングは価値のあるものをすぐに人生にもたらしてくれますが、うまくできるようになるためには練習が必要です。熟練している人たちはガイダンスを常に引き出せるように時間をかけて練習をしています。たった一回のセッションでコンサートのピアニストになれる人はまずいないのと同じです。ガイドとつながり、良い関係を築いている人は、規則的に練習することでそのしっかりとした基盤をつくっています。

チャネリングする準備ができているかどうかを知っているのは、最終的にはあなただけです。自分の内側に入って聞いてみてください、「自分はガイドをチャネリングしたり、ガイドとつながりを持ちたいという深い欲求があるだろうか。チャネリングに自分を引きこむような、内側の切迫した感じや内なる声はあるだろうか」と。内側からのメッセージに耳を傾けてください。

❖自分で思うよりも準備ができているかもしれません

オリンとダベン

ガイドとの出会いは普通、段階的に起こっていきます。最初の段階ではガイドを意識的に認識していないかもしれません。もしかしたら夢のなかでガイダンスが出てくるかもしれません。学校へ行く夢を見たり、夜に誰かが話しかけてきてレッスンをしたり、何かを教えてくれる夢を見るかもしれません。自分のガイドについて誰かに尋ねたり、ガイドのことを考えているかもしれません。またチャネリングされた本や、ガイドについて書かれた本に夢中になっているかもしれません。

ガイドはよく夢を通じて関わりを持とうとします。

チャネリングの最初の準備段階では、人生や人間関係や仕事に不満を感じるようになるかもしれません。それは人間関係や仕事の面でもっと意味を見出し、深く満たされることを本気で願うようになるからです。自分のスピリチュアルな道について、何をライフワークとするかについて、もっと色々な情報を得たいと強く望むようになるでしょう。もしかしたら教師やヒーラーになって、ヒーリングやセラピーといった方法を通じて人々と関わりたいという希望を持つかもしれません。また書き物をしたり、マスコミで仕事をしたり、音楽を演奏したり、新しい友人に出会いたいという欲求に目覚めるかもしれません。以前は刺激的だと感じていた昔の友人といても退屈に感じたり、楽しんでやっていた社交活動などにあまり興味を持たなくなるかもしれません。自分の活動により高い目的を見出すようになり、目的なく時間を費やすことが前よりも面白くなくなるかもしれません。何か重要なことがやってくる予感がして、その過渡期にいるように感じられるかもしれません。何か新しいものを探しているけれど、それが何なのかわからないでいるかもしれません。

あるいはすでにあるゴールに達しているのかもしれません。しかし、それが期待していたような満足感が得られるものではなかったので、本当に幸せになるためには何をしたらいいのだろうと考えこんでいる、あるいはすでに自分の道が何かを知っていて、それをもっと具体的で意義のある方法で体験したいと願っているのかもしれません。または高次元の意識に入っていく準備ができていることを感じていて、さらに開かれた高い領域へのつながりを求めているのかもしれません。

チャネリングは、高い目的を発見させてくれます。

なかには自分自身を花咲かせるような驚くべき体験をする人たちもいるでしょう。論理的に説明できないような何かが起こるかもしれません。たとえば予知したことが後で本当だとわかったり、新しい場所を訪れたのに懐かしい感じがしたり、体外離脱をしたり、予知夢を見たりといったように。偶然の一致がよく起こるようになり、何かの扉が開かれたように感じたり、新しい物事に目を開いてくれるような本に出会って、まるでどこかに滑りこんだように感じる人たちもいます。新しい人々に出会い始めたり、現実の見え方が完全に変わっていくこともあります。今までにヨガや瞑想をしたり、東洋の宗教を研究したり、エストやシルバ・メソッドなどニューエイジのワークショップに参加してきた人たちもいます。そういう人たちが「次は何をしたいか」と自問した時に、自分の関心がヒーリングやチャネリングに向いていると気づくことがあります。そしてある日ガイドやチャネリングのことを本で読み、それをもっと勉強していくことが正しい方向性のように突然思えてくるのです。チャネリングが今までずっと自分が探し求めていた何らかの変化をもたらすものだと思えてくるのです。

ガイドは、求めることでもたらされます。

あなたが進化するにつれて、高次元の領域に対する感受性が増幅していきます。どこか自分を超えたところからアイデアがやってくると感じられるようになります。以前は知らなかったことを自分が知っていることに気づきます。通常の感覚でわかっている範囲よりも高い、異質なエネルギーとつながっているように感じられるかもしれません。こんな時は、より高い次元を意識的に体験し始めているのです。ガイドに助けを求めると、共にワークを始めてくれます。この段階でのガイトとの交信は、ほとんど夢のなかで起こったり、自然に湧き起ったり、予期しない瞬間にやってきたりします。

ある段階までくると、ガイドが自分に接触してきたとわかるような鮮明な夢を見るでしょう。ハイアーセルフやガイドとの結びつきをタロットカード、ウイジャ・ボード*、自動書記、瞑想などを通して知るかもしれません。瞑想をしている時に、それまで体験したことがないような偉大な知恵に満ちたガイダンスを受け取り始めるかもしれません。ガイドとの交信を開始するために、たくさんの方法が使われてきました。誰もチャネリングをする準備をみなさんの代わりにすることはできません。その準備は個人的な体験で、一人ひとり違うのです。

チャネラーになる準備ができていない人たちは、普通自分でそれをわかっています。はっきりと、チャネリングは自分に合わないとわかっています。魂の次元で準備ができていないのです。チャネリングがあることを可能性として含む世界観を持っていないのです。そういう人たちは準備ができるまで懐疑主義のために、こういった物事から遠ざかっています。現時点では、チャネリングにふさわしくないものかもしれません。だからチャネリングを試すことに懐疑的な人たちを説得しようとしないでください。

ガイドやハイアーセルフとのつながりが強くなるにつれて、より頻繁にガイドをチャネリングしたり、ハイアーセルフとのつながりについて考えるようになってきています。すでに誰か他の人のガイドのリーディングを受けたことがあるかもしれません。チャネリングの話を聞きに行ったり、他の人がガイドについて書いた本を読んだり、ガイドを記録したビデオやカセットテープを見たり聞いたりしているかもしれません。チャネリ

*ウィジャ・ボード……心霊伝達などに用いる占い板

ングに疑問や質問があるにも関わらず、その体験の価値を認めもっと学びたがっていることに気づくかもしれません。もし準備ができていたら、ガイドと交信することを想像するだけで期待と興奮をかき立てられるでしょう。ガイドやハイアーセルフにつながる能力の片鱗を見出すことよりも、チャネリングをする準備ができているかどうかを明確に示すものがあります。それはガイドとの交信を心から待ち望み、その能力が自分にあるかどうかあれこれ思いをめぐらす気持ちです。その気持ちがあること自体が、チャネリングがあなたにとって重要度を増しているという証拠なのです。

2章 トランス状態でのチャネリング

❖ トランス状態とは？
どうしたらトランス状態に入れるのでしょう？

オリンとダベン

トランス状態とは、ガイドとつながることのできる意識状態です。チャネリングの状態は様々な形で表現することができます。ほとんどの場合、言葉で表すと実際よりも複雑そうに感じられてしまいます。たとえばそれは車の運転や楽器の演奏、スポーツをする時の心理状態を言葉で説明すると、実際よりも難しそうに聞こえてしまうのと同じです。いったんチャネリングの状態を体験すると、それを思い出して同じ状態に戻っていくことはさほど難しくありません。チャネリング状態に入るやり方をマスターするのは、思ったよりも容易で精妙な体験で、想像していたのとは違うと多くの人々が感じているようです。

努力なしにインスピレーションが働いている時は、
チャネリングと同じような状態にいます。

大部分の人がチャネリングのような内的状態をすでに体験したことがあります。内側で必要と感じている友だちに話しかけたり、知恵が自分を通して流れ出し、思いもしなかったようなことを語っているといったように。友だちに対して深い愛情を感じる時、美しい日没を見て畏怖《いふ》の念が起こる時、花々の美を愛《め》でる時、深い祈りのなかの敬虔さを感じる時、そこにはいつもチャネリングの意識状態と同じものがあります。普段の思考よりも高い次元からの声が内側ではっきりと聞こえる時、誰かを教えていて突然インスピレーションが湧いてくる時、想像もしなかったような英知にあふれた言葉を口にしたい衝動がやってくる時、普段と違った癒しに満ちたやり方で人に触れる時、トランス状態がどのようなものかをあなたは部分的に感じているのです。

トランス状態に入ると、
突然、自分が賢くなったように感じます。

トランス状態は現実の見方を微妙に変化させます。質問の答えが簡単にわかるようになり、答えもシンプルで明瞭なものになるでしょう。始めのうちは自分が想像をしたり、言葉や思考をつくり出しているように思われるかもしれません。あるいは集中しているように感じられるかもしれません。マインドを排除するのではなく、高いところへ到達するために意図的に使っていきましょう。

チャネリングをすると呼吸に変化が起こり、始めに体の上部に普段とは違う繊細な感覚がやってきます。手に熱を感じるかもしれないし、体温が上がるかもしれません。トランス状態は個人的な体験です。人によっては肉体的感覚の喪失が顕著に現れます。しばらくチャネリングを続けると、それに伴い体に起こる感覚にも慣れ、普段とは違うような感覚はめったに起こらなくなります。なかには体の異常な感覚がなくなり、それがないと物足りないという人もいます。新たな次元に到達すると、首や額の上のあたりがざわざわすることが時々あるでしょう。背骨に何かを感じる人や、何かに縛られている感じがする人や、額の周りにエネルギーを感じる人もいます。チャネリングをしている間は声のリズムやトーンも普段と変わってきます。おそらく普段よりもゆっくりと喋り、深い発声になっているでしょう。

サネヤとデュエン

様々な意識の状態は、リラックスや注意深さの度合いと関連しているようです。みなさんは毎日、数多くの異なる意識状態を体験しています。歩行や睡眠がそれぞれ違った状態であるように、異なる種類の活動にはそれ特有の意識状態があります。映画を見ている時、難しい仕事をしている時、高速道路を運転している時、動きの速いスポーツをしている時、気づきの状態は変わっていきます。何かの活動をしている時、自分の注意深さの変化やその状況にどれくらい関わっているか、リラックスと集中のレベルはどの程度か、肉体の感覚はどうか、感情の状態はどうか、その活動をしている時どんなふうに思考しているかなど、どんな状態であるかを見極めることができます。

普段、目が覚めている時の意識状態では、人々は自分が置かれている状況にとてもよく気づいていて、マインドは内側でハイレベルなお喋りをしています。リラクゼーションの段階が終わると、思考、計画、心配などが湧き起こってきます。音楽を聞いたり、テレビを見たり、お風呂に入ったり、自然のなかを歩いてリラックスしている時は、周りの環境に対する自分の気づきに幅があることがわかるでしょう。やや注意深い状態の時もあれば、周囲のことにほとんど気づいていない夢見のような状態の時もあります。リラックス状態が深ければ深いほど、次第に周囲の状況がわからなくなっていき、しまいには眠りに落ちてしまいます。

チャネリングで高次元の領域からメッセージを受け取るためには、内側と高次元へ意識を保つという微妙なリラックス状態が必要です。軽いリラックス状態では、音に気づいていることができます。ときには音が大きく聞こえることもあります。深いレベルでリラックスしている時、強烈に集中している時は、自分がやっていることに完全に吸収されてしまい周囲の状況にまったく気づかないことがあります。あまりにも深く入りこんでいるので、誰かが思いがけず部屋に入ってきた時には、びっくりして飛び上がってしまうかもしれません。軽いリラックス状態でも深いリラックス状態でも、情報を引き出すと同時に周囲の音に気づいていることは可能です。ですから、トランス状態に入っているかを注意深く気づいているかどうかという観点だけで判断しないほうがいいでしょう。

実際はトランス状態に入るとすぐに、自分が置かれている状況に対してもっと意識的になります。特にガイダンスを受け取る時はそうです。なぜなら意識的なつながりをつくるために、発声を活性化しているからです。しかし、すぐに周囲の環境はそれほど重要ではなくなり、外の雑音が妨げにならないやり方を身につけるでしょう。自分自身に「どんな雑音も、私のトランス状態を深めるために役立つ」と言ってください。

瞑想の経験はチャネリングに役立ちますが、チャネリングのための必須条件ではありません。瞑想もチャネリングのスペースも、内側に焦点を当ててリラックスすれば入ることができます。しかしこれらの二つはマインド、意図、スピリットの働きが異なります。深い瞑想状態では、何かを思い起こしたり、話したりする必要がほとんどありません。それに対してチャネリングは主として映像とエネルギーと感覚の体験なのです。

瞑想をしている人のほとんどはすでにチャネリングの内的スペースに入ったことがあります。ガイドを呼ぶことがなければ、彼らはチャネリングの内的スペースのすぐ近くを通り過ぎて深い瞑想状態に入り、またその状態から戻ってきます。その間に意識的な洞察を得ることが度々あります。チャネリングは深い瞑想よりもずっと軽いトランス状態なので、瞑想経験のある人は想像しているよりも簡単にできるものなのです。チャネリングでは、まるでドアを見つけるように、マインドをガイドとつながる場所へ導く方法を学びます。深い瞑想に入るには15分かそれ以上時間がかかりますが、チャネリングに入るにはほとんど5分もかかりません。

チャネリングのスペースに入ると、ガイドがそこにやってきてみなさんのエネルギーを導いてくれます。チャネリングをするには、瞑想のように穏やかで不動のマインドを保つ必要はありません。その代わりに集中し、焦点を一点に絞る能力を要求されます。チャネリング状態に入るには、あなたからの働きかけだけではなく、ガイドから多くのサポートがあるでしょう。あなたのほうからガイドとつながり、導いてくれるようにお願いをしたのですから。

❖ ガイドが入ってくる時、自分はどこへ行くのでしょう?
――意識的であり続けるために

オリンとダベン

チャネリングをする時、目覚めた意識状態から完全に離れてしまう人たちがいます。そういう人はこう言います。「チャネリングは眠りに落ちるようなものだから、その時何が語られたのか覚えていない」と。チャネリング中に自覚がなくなってしまう人は「アンコンシャス・チャネラー(トランス下の無意識状態でチャネリングする人)」と呼ばれています。こうした人たちはとても深いリラックス状態に入ってしまうので、ガイドのメッセージを後から思い出すことができません。魂レベルでの具体的なアドバイスを言葉で受け取ることができない場合、チャネラーは伝達されるエネルギーを受け取っています。記憶を引き出せるかどうかはトランス状態の質によります。

チャネラーのなかには、部分的に意識的でいることができる人もいます。伝達されたものの一部を覚えているので、彼らは「コンシャス・チャネラー（トランス下で意識的にチャネリングする人）」と呼ばれています。コンシャス・チャネラーはやってくる様々な情報に気づいています。なかにはぼんやりしたガイドのメッセージしか受け取れず、特にどんなことが表面に出てきているのかよく記憶していない人もいるでしょう。記憶があまりにも早く消えてしまうので、夢を思い出すプロセスと比較する人もいるでしょう。彼らはトランスから戻ってきた直後は受け取った情報を思い出しても一時間後には忘れてしまいます。また別のチャネラーはトランス状態がとても軽く、ガイドが言ったことを覚えていて、チャネリング中もとても注意深くいることができます。ほとんどの人は深い無意識のトランス状態と、完全に注意力を保った状態のどちらかの中間にいます。

私たちはチャネリングしている時に意識を保つようお勧めします。もし眠りに落ちたり調子が落ちたりしてしまったら、意志の力を使って注意力を保つようにしてください。十分な休養をとっておくといいでしょう。トランス状態にいる時、無意識になるのは別に悪いことではありません。しかし意識を保つことができれば、ガイドからの高い知恵と光を直接自分の気づきのなかにもたらすことができ、その情報を学びや成長のために意識的に使うことができるのです。トランス状態に入っている時、自分が言っていることにある程度気づいていることをお勧めします。

コンシャス・チャネラーは、
ガイドが何を語ったかを部分的にわかっています。

チャネリング中の出来事を覚えている人たちは、一般的に言葉そのものの意味を超えた驚くべき豊かさを体験しています。意識が大きく広がったように感じ、一つひとつの言葉が今までよりも大きな意味を持ちます。ときに言葉は、旅をしているような感覚と共にやってきます。より高い波動に向かい、内側でシフトするような感覚がやってくることがあります。チャネリングは、動きや感情が豊かで色あざやかな夢を見ているようだと言う人たちもいます。トランス状態から出ると、この豊かさは次第に消え失せていきます。別の領域を部分的に感じると言う人たちもいます。通常使っている言葉が映像になって、もっと完全な内側の言語に翻訳されたようだと言う人たちもいます。彼らは肉体的に膨張し、いつもより大きくなったように感じているようです。情報が「ボール」のように全部マインドのなかに落ちてきて、そのメッセージを言葉にして喋っていくうちにゆっくりとその中身が解けてくると言う人たちもいます。

深いトランスのなかで目覚めた意識状態を保つのに習熟している人たちは、「はじき出される」とか無意識でいるのではなく、ガイドの思考の波を直接体験しているかのように色々なことを感じると言います。それは、夢のなかで積極的に意識を保とうとしているかのようです。このような思考の波は、光の宇宙的言語によって、あなたが使っている言語では表現しきれないような体験や映像、感動を伝えます。完全に意識を保っている人たちは、ガイドの世界や自分の世界を感じると同時に、その言葉の背後にあるエネルギーがどれくらい豊かなものか、その程度を推しはかることができます。

コンシャス・チャネリングでは、あなたは微妙に分離した状態にあり、チャネリングを妨げることなく何が起こっているかに気づいています。多くの人々がその状態を、まるでガイドの人生と自分の人生を同時に二つの角度から眺めているようだと語っています。

コンシャス・チャネリングをすることは、ガイドの領域で感じたり、見たり、聞いたりできる程度まで自分の波動を高めることにもなります。

チャネリングの体験には、じつに多くの異なるタイプのものがあります。人によってチャネリングしたことを覚えていたり覚えていなかったりしますが、それには様々な理由があります。人によっては無意識になって乗っ取られるのを嫌い、自分を通して何が起こっているのかすべてわかっていたいと思うようです。また別の人たちは自然に深いトランスが中心になっています。こういう人たちはチャネリングしている最中も無意識に流されないように、意識的でいることを学びたがる傾向があります。

自分のパーソナリティ、思考、フィーリングといったものを脇にしりぞけ、ガイドが話しかけてくる間、意識的でいることはとても豊かな体験です。無意識になった時にだけ本当にガイドをチャネリングしていると思う人もいるようですが、ほとんどのチャネラーはガイドが言うことをある程度わかっています。意識のない状態のほうが珍しいと言えるでしょう。有名で優れたチャネラーの多くはガイドが話したり書いたりしている間、異なる次元の意識状態があると語っています。

今すぐトランス状態がどんなものかを体験したかったら、6章へ飛んで「リラックス状態に入る」、「焦点を保ち集中する」エクササイズをしてください。

❖ 私たちが体験してきたオリンとダベン

サネヤ

私はオリンを明瞭な存在感を持つ、とても愛に満ちた賢く優しい存在と感じています。意識的に知っていることを何でも超えてしまう知恵と洞察、そして広い知識をオリンは持っています。語られる言葉よりも、さらに豊かな感動があります。私は意識を保っていますが、やってくる言葉にはどんな形であれ変化を加えることはできません。話を中断することはできますが、自分の言葉をつけ加えたりメッセージを変えたりすることはできないのです。一週間前にオリンはある本についての指示を伝えてきました。考えをまとめているのが感じられ、それが微に入り細に入り私の意識に流れこんでくるのがわかりました。ある時、オリンはあるテーマでクラスを教えることを決めました。そして私が予期しない時にそのテーマに関する情報を受け取りました。ほとんどの内容は走っている時か瞑想中に、気がつくとそのテーマやクラスについて考えているといったふうでした。

チャネリングでは、たくさんの映像、フィーリング、イメージなどを受け取ります。オリンが送ってくるメッセージを受け取るのと同時に、自分の思考や意見も内側で聞くことができます。オリンが去っていく時には、語られた時の記憶が夢のように薄れていきます。メッセージの全般的なことについて、特に個人的に印象深かったものについてはある程度思い出せても、細かい情報については後で記録されたものを読まない限り、思い出すことができません。どうやら思考や概念の全体的な方向性については覚えていても、一つひとつの言葉はあまり覚えていないようです。チャネリングされた情報について後で話し合うようなことがなければ、私はオリンが言ったことはほとんど記憶していません。ところが再度オリンを呼び出して聞いてみると、何年経っても同じ人に話したことをまったく同じようにオリンのほうで記憶しているのです。

私のトランス体験は、どんな情報を降ろしてくるかによって異なります。本にするための情報をチャネリングする時や、宇宙的知恵に関わる神秘的な情報を中継している時は、とても深いトランス状態に入ります。他の人々のためにチャネリングする時は、私のトランス状態は軽いものになります。この種の情報を伝えるには、オリンのエネルギーをそれほど必要としないからです。

デュエン

ダベンからの伝達は、質問のタイプや質問する人によって大きく変わります。私にとってもっとも難易度が高いのは、ダベンが「科学的」な解説をし、彼が言ったことを正確に伝える必要がある時です。生命力や現実の性質に関する質問については、ダベンは波のパターンのイメージを送ってくるのでそれを解読しなければなりません。この波のパターンがくると、その意味を伝えるために言葉や概念を選ぶことにチャレンジします。

ダベンが誘導瞑想を伝える時、聞いている人に向かってエネルギーが外側に動いていくのを感じます。チャネリングが終わると、参加者はみなどこか高次元の現実への旅に連れていかれたようで、心地よく、前よりも自分が広がったようだったと口々に言います。人生や様々な個人的事柄についてチャネリングすると、私は全体の流れに意識的であるにも関わらず、ダベンが話したことをほとんど記憶していません。

私はダベンをまばゆく光輝くエネルギーとして体験しています。愛に満ちて厳格でもあり、思いやりにあふれています。彼の知識は非常に詳細で広範囲に渡っています。なかにはとても複雑な情報もあるので、ダベンはそれを伝えるために、新しい言葉をつくるのを手伝ってくれたりします。たとえ人々がすぐにそれを理解できなくても、伝えたい概念を大雑把なものにしたり、単純化してほしくないようです。科学的な内容についていくつかチャネリングをしてその相関関係を見る時などは、私自身でさえ時間が経ってからでないと理解できないこともあります。ダベンが説明しているであろうことを、物理学の本で調べなければならないことも度々あります。

人のエネルギー・システムに触れながらワークをしている時、私は非常に軽いトランス状態を体験しています。部屋のなかを動き回ったりするので、特に物理的な環境への気づきを保つ必要があるのです。トランスが深くなるのは、一般的な情報をチャネリングしている時や、ダベンが人々を拡大し様々な次元の意識へ導こうとしている時です。

質問によってダベンはその人の人生に関する特定の情報を見つけ出そうとする時もありますが、質問者のエネルギーに直接働きかける傾向がはっきりと見て取れます。私のタッチを通して、あるいはエネルギーの伝達を通して、ダベンは人々がより高いエネルギーの状態に到達し自分で答えが見つけられるように働きかけています。

チャネリングを終えた時、まるで自分のマインドが新しいやり方で機能しているかのように、通り抜けていったその概念を覚えています。でも個別の事柄はすぐに消えていきます。チャネリングの記録を読むと、自分で覚えているよりも、ずっと多くの情報が入っていることに驚かされます。それはまるで語られた言葉にこめられた何千というアイデアの、ほんの数個しか覚えていなかったかのようです。

3章　ガイドとは誰か？

❖ 高次元のガイド

オリンとダベン

ガイドたちはじつに様々な場所からやってきているので、まるで無数にいるかのようです。ガイドたちを分類してみるとわかりやすいでしょう。地球に少なくとも一度は転生しているガイド、地球に一度も転生したことがなく四次元のような銀河系やはるか彼方の星々からやってきたガイド、セント・ジャーメインのようなマスターたち、守護天使を含むミカエルやラファエルのような天使たち、銀河系や惑星からの地球外の存在などです。このカテゴリーに属さないガイドたちもいます。私オリンは、ずっと昔ですが一度地球での生をあなたと同じ時のなかで生きたことがあります。だから肉体的存在についてより良く理解できます。私は肉体のない、純粋な光とスピリットに進化して久しくなります。ダベンもまた光の存在ですが地上で生きたことはありません。

ガイドは同じゴールや目的を持つあなたをワークのパートナーとして選びました。

みなさん全員がチャネラーになるのではないように、高次元の領域の存在すべてがガイドになるわけではありません。現実の異なる地平でも、地上での仕事と同じくらいたくさんの種類の仕事があります。ガイドたちは、こちらの次元からあなたの次元にエネルギーを伝達する技にたけた特別な存在です。私たちのいるところからあなたのところへ行き着くには、とてつもなく大きなエネルギーが必要です。それは人類への純粋な愛と、高次元の目的を伝達するための献身的な姿勢です。高次元の領域に到達すると、利他的な奉仕をすることが進化を加速させることになります。私たちがあなたを選んだのは、あなたがゴールへの道のりに向かっているからであり、あなたを愛しているからなのです。

私たちが話しかける時、この領域にいる他のガイドたちがそれを増幅してくれます。私たちの実体はとても微細なものなので、あなたを通じてそちらの世界に届くには、焦点を絞り増幅しなければなりません。この波動はとても幅があり巨大なので、あなたのマインドで受け取ることのできる波動にまで狭めるには練習と経験と方向づけが必要です。私たちはあなたの世界の異なる概念や理解に適応できるよう知覚プロセスを調整します。あなたとつながるためには、エネルギーと磁場を微妙で精妙な次元にしなければなりません。この能力にも、様々な熟達のレベルがあります。

もしメタフィジカルなものを追求しているなら、コーザル界からくるメッセージを聞き取れるでしょう。コーザル界はとても高次元で、精妙な波動の次元です。あなたがそこへ行くのは死後、エネルギーの様々な側面を調和させ、高い状態に進化した時だけです。ほとんどの魂は死後アストラル界に行きます。それはまだコーザル界で生きるほど進化していないからです。高次元のガイドの多くがコーザル界やさらに彼方からやってきています。そこは「多次元の」現実と呼ばれるところです。こうした別の次元で生きるためには、極性をマスターすること、感情やマインドを高い次元でコントロールすること、エネルギーを使うことに習熟していなければなりません。ガイドのなかには、かつて地球に住んでいたことがあり、早く進化してレッスンを修了してしまった者もいます。そうしたガイドは、コーザル界で純粋なスピリットとなって、人類に奉仕することでさらに進化を続けています。また多次元の現実からやってきて、その世界のなかでは非常に次元の高い存在であるガイドもいます。

なかにはハイアーセルフをチャネリングする人もいるかもしれません。ハイアーセルフは、愛と慈悲とスピリチュアルなガイダンスを与え、賢明な助言を与えてくれます。ガイドもハイアーセルフも成長を促し、高いところへ押し上げ、より高次元の目的に沿って生きていくことをサポートするためにいるのです。

ガイドはあなたの内側の目には、特定の国の特定の身なりをした人物として映るかもしれません。私オリンは、チャネリングをしているサネヤの目には、彼女の体の周りを取り巻くまばゆい光として映っています。背丈は二メートル四十センチから七十センチくらいに見えます。彼女が私の顔を見ようとすると、それはまばゆい白い光にしか見えません。よく古代の僧侶のような姿で現れます。

また、ガイドを色として見るという人たちもいます。音として感じたり、ハートのなかの広がりとして感じる人たちもいます。高い波動の地平を見慣れてくると、よりはっきりとガイドを認識する人もいます。なかには自分にとって慣れ親しんだ愛と知恵の象徴、たとえばキリスト、ブッダ、天使としてガイドを見る人もいます。ガイドはネイティブ・アメリカン、中国の聖人、東インドのマスターたち、セント・ジャーメインのような偉大なるマスターたちの姿で見えることもあります。

ガイドはおそらく男性か女性として見えるでしょう。しかし、純粋なエネルギーの領域には極性というものがないので、ガイドたちはじつは男性でも女性でもありません。ガイドたちはこの地上で行うべきことを一番うまく実現できる人か、もっとも強いつながりを持っている人を選びます。ワークの性質が優しさや滋しみであったら女性の姿をして現れるでしょう。男性的な役割を表現したいガイドは男性の姿を選ぶ傾向があります。地球に生きていたことのあるガイドのなかには、当時の容姿と名前を使う者もいます。ガイドの個性は人の数と同じほどあるので、どのような形や外見をしたガイドでも受け入れる心の準備をしておいてください。

あるガイドたちは純粋に知的で、科学、論理学、数学、思考の新しいシステムについて知らせようとしています。別の次元からやってくる存在のなかには、形という概念を超えた本質の世界からやってくるものもいます。そうしたガイドは形や細かい物事や特定の人生や仕事にこだわらず、エネルギーに直接働きかけるワークをする人がチャネリングするのにふさわしいでしょう。それにはエネルギーの本質の体験も含まれています。

もしこのようなガイドに、どこに住むべきか、どんな仕事をすべきかといった特定のアドバイスをしてほしいと思ったら恐らく失望することになります。しかし人に触れたり、ボディワークの仕事をするなら、驚くような結果をもたらしてくれるでしょう。現実の性質を学びたいのなら、このようなガイドたちはいくらでも説明をしてくれるのです。

もっとも高い次元においても、地上での生活と同じようにガイドにはそれぞれ個性的な能力や専門分野があります。あるガイドは具体的なアドバイスを与え、問題を解決し、日常生活をサポートしてくれるでしょう。またあるガイドは、インスピレーションを与え情報源になるような話をしてくれたり、スピリチュアルな真実について伝えてくれます。たとえ質問がそのガイドにとって専門外のことであっても、それに対する情報を見つけ出し教えてくれるでしょう。たとえばあなたのガイドはスピリチュアルな情報をチャネリングすることに精通していても、科学的な事柄についての情報は持っていないかもしれません。もし科学的な情報が欲しくて、しかもそれが重要なことだとしたら、ガイドは本やそうした知識を持つ人との出会いを通して、その情報を探してきてくれるでしょう。あるいは別のガイドがやってきて答えてくれることもあります。

いったんチャネリングを始めたからといって、何でも自分でできるようにならなければならないと思わないでください。ガイドたちがあなたを選んだのは、彼らが地上に伝えようとしていることにみなさんが一番合っているからなのです。多くの場合、あなたが人生においてやりたかったことやすでにやっていることが、ガイドの助けによって上達していくのです。だから、自分自身やガイドたちの知識の範囲からはずれた物事があっても、それでいいと思ってください。

ガイドたちのなかには「光の存在」と呼ばれている者たちがいます。
彼らは光を使ってワークし、光の言語を使います。

高次元のガイドたちの多くは、ほとんど純粋なエネルギーです。彼らはスピリットとなり、きらめく光をまとっています。なかには「光の存在」と呼ばれている者たちもいるでしょう。彼らは光のスペクトラムのなかでワークし、光の言語を使い、共にワークする人の魂に直接思考の波を送ってきます。私たちオリンとダベンは光の存在です。四次元を旅することもできるし、五次元やもっと高い次元に行くこともできます。コーザル界を超えて進化し、多次元的現実と呼ばれるところからやってきました。あなたが私たちや他のガイドを呼べば、いつでもサポートする準備ができています。私たちの目的は、こちらの領域からそちらの世界へ行っているガイド、それに匹敵する知恵や光のガイドとあなたを結びつけ、進化へと導き高い意識をもたらすことです。

ガイドたちがやってくる場所は本当にたくさんあるので、どこからやってきたのかを気にするよりも、そのガイドが自分にとって良い働きをするものか悪い働きをするものかを判別したほうがいいでしょう。どの次元にも成熟した魂は存在しています。複数の異なる別の次元や現実からこうした存在はやってきています。それ自体の進化のなかでそれぞれの段階を歩んでいます。どんなガイドとつながっているか判別することが重要です。あらゆる現実の地平に偉大なる教師がいます。まず最初に、自分のガイドが十分な技術や能力を持っているか、自分のスピリチュアルな成長をきちんとサポートしてくれる準備があるかどうかに意識を向けてください。

高次元のガイドたちは、
ガイダンス、明晰さ、正しい方向性をもたらす源です。

よくこんなことを聞かれます、「自分が呼んだガイドが高次元のガイドかどうか知るにはどうすればよいのですか？」と。特に高次元のガイドでなければ、誰でもガイドを見つけることはできるはずです。新しく人と出会う時、その人がどれほど賢くて愛にあふれているかは、すぐに見分けることができます。その人と一緒にいていい感じがしたり幸せな感じがするか、それとも軽く扱われていると感じたり、幸せでないと感じるか判別することができます。ガイドといる時も、人と接する時と同じように、判断力を用いてください。あなたには知恵を見出す能力があります。真実はまるですでに知っていることのように感じられるものです。

高次元のガイドたちはあなたの道を照らしにきてくれます。彼らの唯一の願いは、あなたのより高い善を実現することです。自分が誰かを思い出し、恐れを捨て、自分と他人を愛することを学ぶように導いてくれます。喜びを与え個人的な成長を促し、この地上でのあなたの仕事をサポートしてくれるのです。

高次元のガイドたちは、怖がらせたりエゴを助長したりはしません。あなたの進歩をほめ讃えてくれますが、お世辞を言ったりはしません。拡大した気づきの感覚と、大いなる内側のヴィジョンをつくり出してくれます。言われたことに盲目的に従うよりも自分の知恵と見識を使うことを勧めます。彼らは何かを「しなければならない」とは絶対に言わないし、個人的な人生に決まった結果をもたらそうともしません。内側の強さと深い知恵を育て、使っていけるように応援してくれます。そして「あなたのパワーを私たちに与える必要はない」と言います。高次元のガイドは往々にして謙虚なもので、自分たちの語る真実だけが唯一の真実ではないと明言します。強い示唆を与えてくれますが、自分で物事を選択するように勧めてくれます。高次元のガイドたちは、人生のなかでうまくいっていない部分を指摘してくれるでしょう。力づけ勇気づけるようなやり方でそれを教えてくれます。

高次元のガイドたちが、未来の出来事を予知することはめったにありません。もし予知をするとしたら、その情報がみなさんや人類の成長のためになる場合だけです。誰か他の人がガイドから聞いた情報によって、萎縮した感じがしたり気分が悪くなるのなら、自分自身の真実としてそのメッセージを受け入れたいか受け入れたくないか判断してください。リーディングを終えた時自分の人生に恐怖を感じているようなら、それは高次元のガイドとつながっていなかったということなのでしょう。それが高次元のガイドなら、高揚感や自己肯定感があるはずです。そうしたガイドは自分自身を新しい拡大した方法で見られるようにしてくれます。たとえ気分を高揚させてくれるメッセージでも、ネガティブに受け取ってしまうと、喜びを半減させてしまうこともあることを心に留めておいてください。

高次元のガイドたちの主な関心は、
あなたのより高い目的を実現させることです。

高次元のガイドたちは表現が正確で、少ない言葉で多くを語ります。寛容さを教え、許すように勧めてくれます。そのアドバイスは現実的でときにシンプルで控え目ですが、自慢げなところがなく良識あるものです。アドバイスはどの段階でも役に立つもので、その人の人生にさらに大いなる善をもたらしてくれます。高次元のガイドたちは、人々や物事について良いことしか言いません。その質がまるごと愛と善意に満たされているからです。

こちらから質問をすれば、学ぶ必要のある物事について教え、ここで何を学ぶべきかを話してくれるでしょう。もし望むなら、今の状況のなかでやっていくことをそのまま見守ってくれるでしょう。彼らは学びのチャンスを奪わないように注意を払っています。自分にとって価値はあるけれど困難なことや試練に立ち向かっている時、ガイドは同じことをより楽しく学ぶための方法を教えてくれます。でも今までの道にこだわるなら、それを止めたりはしません。喜びを選ぶかどうかはあなた次第です。あなたにとって痛みや苦闘を通して学ぶのが一番いいことなら、高次元のガイドたちはそれを取り除こうとはしないのです。

❖ 低次元の存在を見分けるには

オリンとダベン

ときとしてある特定のガイドたちのアドバイスに従うべきかそうでないか迷う時があります。ガイドを見分け、その知恵を認めるのはあなたです。自分のガイドや他の人のガイドからアドバイスを受け取った時は自分自身にこう聞いてみてください、「この情報に従うのは、自分にとって適切なことだろうか。その情報は自分を制限するものか、それとも拡大するものか。その情報は正確なものか。現実的な価値があり、すぐに使えるものか。自分の内側の真実に合っている感じがするか」。前回、友だちやガイドからのアドバイスに従って失敗した例を思い出してみてください。自分のなかで、そのアドバイスに本当は従いたくなかったと思っている部分はありませんでしたか。大抵の場合、何が一番いいかは自分がよくわかっています。受け取った情報をよく吟味してください。その情報を使うか使わないか常識的に判断してください。自分の人生についての情報をただ盲目的に受け入れようとしないでください。高次元のガイダンスは、自分自身の真実に強い自信が持てるように導いてくれます。チャネリングされたアドバイスは、チャネリングされたものだから従うというのではなく、自分にとって真実だと感じられる時にだけ従うべきです。楽しい感じのするもの、正しい感じがするものだけを実行してください。

自分の存在のもっとも深い部分で
真実だと感じるものだけを受け入れてください。

低次元の存在たちをどうやって見分ければよいのでしょう。なかには恐ろしい天災を予知して、人々の間に恐怖を巻き起こし感情をあおるようなことを好んでするものもいます。そうした予知は、人々を助けるためや高次の目的のためになされたものではありません。たとえばメッセージはその人本来の道ではないにも関わらず、将来お金持ちや有名人になることを告げ、人のエゴを虚偽の力で育てるような内容であることもあります。低次元のガイドかどうか、あなたなら判別できるでしょう。そのようなガイドのアドバイスを受けた後は、恐れや無力感、憂うつな気分を感じたり、人生への不安を感じるでしょう。

低次元の存在たちは、みなさんの知っていることが低レベルで愛に満ちたものではないといって、一生懸命に何か行動を起こすように勧めるかもしれません。友だち同士の間に悪感情を起こしたり、復讐を仕向けます。目には見えない恐ろしい危険から、自分を守るように伝えてくるかもしれません。ある存在、特に低次元のものは、あなたのなかに激しい感情を育みそれを引き出そうとします。また別の存在は、不正確であまり重要ではない情報を伝え、ただ時間を浪費させます。あまり重要でない存在は、気取った調子で話をしたり、つまらない話をしたり、一見深遠に見えてじつは何の価値もないことを語るものです。

低次元のガイドたちは、エネルギーをより高い状態に向上させることにはまったく関心がありません。スピリチュアルな意味であなたが成長することに関心がないのです。低次元のガイドたちは、スピリチュアルな成長につながる道への気づきや人類が現在どちらの方向に進化しているかについての意識など持ち合わせていないからです。もしそのガイダンスが興味深いものでも、何ら現実的な意味を持たないものなら低次元の存在からのものだとわかります。彼らは悪いというわけではなく、あなたと同じゴールや目的を持たず、その人の独自の運命を理解していないのです。だから低次元のガイドたちは「ガイドをする」ことはできません。たとえ有害なものではなくても、そのネガティブな側面に接して居心地の悪い思いをさせられることがあります。基本的意図はむしろ愛のあるものかもしれません。しかし、あなたほど高い進化を遂げていません。偉大な理解や知恵に欠けているので、低次元の存在だと見分けがつくでしょう。

現実の次元には「アストラル界」と呼ばれるものがあります。これは、あなたがいるところよりも一つ振動数が少ないか、一つ段階の低い場です。そこには地球での生と生の中間にいるたくさんの魂が入っていきます。アストラル界の低い次元には、地球に帰ってきたがっているたくさんの存在がいます。彼らはあなたを通して生を体験したがっているのかもしれません。通常は悪意がなく、ただ無邪気なだけです。彼らが近づいてくると感情的な恐れや痛みや不安定さを感じるので、それとわかるでしょう。平和が欠けているように感じるでしょう。この次元にいる魂はほとんどあなたを助けるほどには進化していないので、チャネリングしないことをお勧めします。それらはあらゆる人生の断面図のようです。地上に執着している存在たちは自分たちがもう死んでしまったことに気づいていません。もし、このような者たちと遭遇したら光のほうへ行くように命じてください。

ガイドたちは許可が得られた時にだけ、あなたを通じて語り始めます。

こうした存在たちを、絶対に自分の体に通したり言葉でチャネリングしたりしないでください。その波動や感情は高いものではないので、それとわかるでしょう。むしろ彼らがやってくると重たい感じがしたり、抵抗感があるでしょう。彼らがあなたを乗っ取ることは不可能です。地上の領域は、このような存在たちが入りこむには難しすぎるのです。この現実をコントロールできるのはあなたのほうなのです。好奇心や戯れてみたいという思いや気まぐれが、彼らを周囲に引きつけます。断固として結びつきを切ってください。ガイドたちはどこからやってきたかを尋ねられて、嘘をついたりしません。「光からやってきたのですか?」という質問に対して、もしそうでなければ「イエス」と答えたりはしません。そこにいるはずのより高次元のガイドを呼んでください。

高次元のガイドは、自分や他者により思いやりを抱くよう導いてくれます。

高次元の愛にあふれたガイドたちではなく、低次元の存在があなたを通じて語りかけたいと言ってきたら、断固として「ノー」と答えてください。あなたはみずからのガイドをチャネリングする時の感覚にだんだん慣れ親しんでいくでしょう。他の存在があなたを騙すことはできません。高次元のガイドは高揚感があり愛にあふれた素晴らしい感覚をもたらします。そうしたガイドとつながると幸福感に満たされます。もしも憂うつな感じや、悲しみ、怒りを感じるようなら、高次元のガイドではありません。そのガイドに去ってくれるように言い、より高次元のガイドを呼びましょう。

❖ 個人的なガイド

オリンとダベン

誰でも一生を共にするガイドがいて、それはよく守護天使と呼ばれています。特に人生の大きな転換期には、ガイドが何人もついていることがあります。通常、個人的なガイドたちは高次元のガイドほどは進化していません。しかし、彼らは地上での人生をすでに経験しており、より大きな現実に気がついているので、あなたよりはるかに進化しています。そのガイドは、あなたが以前人生で出会い今は亡くなっている人で、地上に根ざした否定的感情を超えて進化した存在であることもあります。過去生で一緒だった存在であることもあります。

彼らはあなたが選んだ運命を歩む時、特定のテーマに取り組むことができるようここにいるのです。あなたがガイドの存在に気づいているか、もっとも高い道に従い歩んでいるかどうかに関わらず、彼らはいつでもサポートしてくれています。彼らの目的の一つは、あなたが生まれてきた目的を達成させることです。これらのガイドたちは高次元のガイドたちよりも「劣っている」わけではありません。しかしその次元や意識の幅は、高次元のマスターをつとめるガイドたちのように広範で、すべてを包含するようなものではありません。

高次元のガイドたちは、人生について細かい個別の情報を与える時には個人的なガイドと共に働きかけをしてきます。ある特定の分野について、個人的なガイドたちはあなたと高次元のガイドとを結ぶ橋渡しの役割をします。いったんあなたが高次元のガイドとつながると、個人的なガイドとのつながりは直接的なものではなくなり、高次元のガイドを通じて行われるようになります。

サネヤとデュエン

ガイドたちとつき合っていると可能性が無限にあるのが感じられます。あなたがガイドたちと体験することは、私たちが体験してきたこととは違うかもしれません。あなたのガイドとの体験を尊重してください。ガイドが誰でどこからやってきたのか尋ねてみてください。そのガイドを、どのような分類にも当てはめようとしないでください。オリンやダベンからの情報はこうしなくてはならないというものではなく、一つのガイドラインなのです。

4章 ガイドとのコミュニケーション方法

❖ ガイドはどのようにメッセージを伝えるのでしょう？

オリンとダベン

ガイドは魂とコンタクトをとります。情報は魂を通って意識に到達し、言葉や概念に翻訳し表現されます。ガイドが魂に情報を伝える方法は無数にあります。トランス状態に入り意識の焦点を絞ることで、パーソナリティの歪みを取り除き、情報が通過するためのきれいな「チャネル」をつくります。

チャネリングをするには、あなたは波動をトランス状態まで引き上げ、私たちのほうでは波動を低くして合わせます。エネルギーそのものがまったく同じになるというわけではありませんが、相互に補い合う形になります。私たちはあなたの次元と同じような磁場をこちらの次元につくり上げます。両者のエネルギーがその磁場に同調していくと情報の伝達が起こります。正しく情報を伝えるために波動を「合わせる」私たちの能力も重要です。チャネリングを続けていくと、私たちの側では伝達した情報をどうモニターしていくか、磁場をどうコントロールすべきかフィードバックを得ることができます。もっと慣れてくると、どうしたらそちらの領域を正確に追跡できるかがわかってきます。あなたがトランス状態に入ると、こちらもすぐエネルギーを吹きこむようにします。

このとてつもなく複雑なことを理解するには、宇宙はたった一つしかないということを思い起こしてみるといいでしょう。私たちはあなたのいる宇宙とは別の離れた宇宙にいるのではありません。同じ宇宙の異なる波動の場所にいるのです。ただ私たちの思考の波が受け取れるくらいにあなたが意識を変性し、拡大をしなければこちらの姿は見えないでしょう。

私たちは高い次元に到達しようとしている一人ひとり全員を見ています。

私たちがあなたの現実に入っていけるのは、波動を合わせ扉が開いた時だけです。そちらの世界が見えるように波動を調整した時にだけ、あなたの姿を見たり声を聞くことができます。みなさんがガイドの出現を望んで高い次元に到達する時、そのエネルギーはこちらに見える状態に変化します。高い次元へ行こうとする意図は、私たちの世界からよく見えるのです。私たちには高次元に到達するあなたが見えています。しかし見えると言っても、普段見ているような姿で見えるのではありません。動いているエネルギーのパターン、色、ハーモニーといった形で見えます。住んでいる世界は、エネルギーと生命力が動きながら調和したものとして見えています。あなたがつながりたいと願う時、こちらの次元では波動を合わせ、チャネリングできるように準備を始めます。

私たちガイドは、地上的現実を三次元の世界として見ています。より高い次元では、制限や障害が少なくなっていきます。死ぬ時あなたの波動は上がり、地上では見えなくなりますが、別の現実のなかでは見えるようになります。あなたは壁や物質を通り抜けられるようになります。壁は今あなたを通さないためにそこにあるわけではありません。それは単にあなたと壁の波動がそのようになっているからなのです。波動が上がると今まで見えなかったものが見えてきたり、壁のような障害物が透明になります。

チャネリングは習得することの可能な技術です。

脳は右脳と左脳からなっています。普通、右脳は直感、感覚、言語外のコミュニケーション、創造性、インスピレーションなどをつかさどります。左脳は記憶、論理、言葉つまり言語をつかさどります。体験を論理的に統合し、組み立てたり分類したりしています。ほとんどの場合、ガイドは右脳に情報を伝えてきます。右脳は受け取った印象に対して受容的で繊細だからです。チャネリングするには左右両方の脳の間に特定の流れを確立し、同時に機能させる技術が必要です。より穏やかで平和なトランス状態に入り、高次元の領域への受容性が広がるとできるようになります。

チャネリングでは、右脳と左脳を同時に使わなければなりません。ガイドを受け入れるには、より高次元の情報の流れにゆだね、それを受け取ること（右脳の機能）を習得し、同時に話したり書いたりすること（行動、構成、語彙をつかさどる左脳の機能）に挑戦しなければなりません。右脳と左脳を同時に使うことで、ガイドからメッセージの伝達が精密かつ正確に行われます。

チャネリングを続けていくと、思考の神経に新しい回路ができて成長していきます。それは通常の思考状態に変化をもたらします。タイピングや絵を描くなど新しい技術を学ぶ時、神経から新しいメッセージが送られ、それによって神経の回路が腕の筋肉から脳へとつながって発達していくのです。チャネリングを通してより多くの光がもたらされると、チャネリングしていない時でも、より高度で焦点の絞られた思考をするようになります。

意識を保った状態のチャネリングでは、ガイドはいわゆる高次元のテレパシーを使ってマインドにメッセージを送ってきます。私たちはこのような受け取り方を推奨しています。そこでは、筋肉のコントロールを保つことができます。ある人たちはメッセージを「知る」（クレアセンティエントと呼ばれています）ことができます。情報を「見る」人たち（クレアヴォヤント）もいます。情報を「聞く」人たち（クレアオーディエント）もいます。またある人々はガイドの伝達を豊富な印象の数々として受け取り、それを言葉にすることができます。

ガイドのなかには、高次元のテレパシーを使って伝達してくる者もあります。

どんな種類のテレパシーでも、名前や日付といった詳細な情報よりも、一般的な概念のほうが伝達しやすいものです。特定の詳しい情報を得るためには、あなたはガイドと長期間にわたり同調しなければなりません。私たちはよく光のイメージや、思考インパルス、エネルギー次元の情報といったものを送りますが、伝達されたエネルギーに一番ぴったり合った物事、行動、特定の言葉などをあなたに当てはめてもらいます。多くの場合、画像やイメージとして伝達すると一番うまくいくようです。それは、あなたの語彙や概念的枠組みを使って翻訳される必要があります。

あるガイドは暗喩《メタファー》や説明的な例を使って語りかけます。あるガイドはエネルギーのブロックに直接働きかけます。あるガイドは色や形を使います。あるガイドは、あなたの声を使って話したり、あなたの手を創造的な活動に用います。あるガイドはエネルギーのセンターについて語り、また別の者は過去生について語ります。あるガイドは魂の目的について語り、またある者は宇宙の高い真実について論じます。ある者は詩的で、またある者は哲学的だったりユーモラスだったり真面目だったりします。ときにガイドは情報を与えるのではなく、直接質問をいくつも浴びせかけて、その人が自分で答えを見つけるように訓練することもあります。

ガイドは、共にワークするのに適した語彙と技術を持ったチャネラーを選びます。科学的な分野のガイドは科学的な語彙を持つ人をチャネラーに選びます。芸術的なガイドは芸術家を選ぶでしょうし、哲学的なガイドは哲学に興味のある人を選ぶなどといったように。ガイドがあなたの語彙を超えた情報を伝達する時、あなたが知っている範囲でもっともその情報に近い言葉を当てはめます。たとえば体の臓器について話す時、もしその用語を知らなかったら臓器の名称を言うのではなく、それがどんなものかを描写してきます。

メッセージを表現するために、ガイドはあなたの言葉や概念を使います。

自分のガイドとつながっていると、即座に言葉が思考のなかに入ってくる時があります。またときにはただ言葉が形になっていくのを感じ、自分が話そうとしていることについて知識がないのに話をしていることもあります。ある人はタイプライターから打ち出されるように、自分が喋ろうとしている言葉が見えると報告しています。目の前にタイプされるものをただ読むだけだというのです。また他の人はスクリーンの上に現れるイメージを見て、それを話したり解釈したりします。ガイドは、あなたにもっとも合った方法と情報を選択します。それはあなたが自己を表現できるような方法でやってきます。たとえば触れた手からエネルギーを送るといったように。ガイドはメッセージがもっとも通じやすい方法を選びます。あなたは自分にとって一番自然だと感じる方法で情報を受け取るでしょう。チャネリングを続けるうちに、伝達の方法が変わることもあります。

❖ 受信者・翻訳者としての役割

オリンとダベン

話し手となるあなたは自分の役割を翻訳者として見ることができるでしょう。翻訳が正しいという感覚や、何を話したらいいかという感覚があるでしょう。何かしっくりこない言葉を変えたい時には、正しい言葉を「感じる」ことができると思います。翻訳の精度を上げるには、今自分がどんなふうに感じているかに注意を向けてください。急に変な感じがしたら、チャネリングしている内容を手放して、別の方向性が示されるのを待ちましょう。ペースを落として、やってくる言葉に注意を向けてください。あなたが適切な言葉や概念に翻訳していない時、私たちは不協和音や不調和な感覚を送って知らせます。

もし受信している情報が退屈なものに思えてきたら、これもガイドとのつながりを失っているサインです。話している最中に、最初に言葉の背後にあった脈動が失われていることに気づくこともあるでしょう。もし言葉で穴埋めしようとしていたら、ペースを落としてゆっくりと話してください。そうすることでガイドのエネルギーが入った言葉を使っている時の、正しい感覚があるかどうかを吟味することができます。

チャネリングのセッションの後、どうしたらメッセージを受け取る能力をもっと高められるのかについてのシグナルも送ります。あなたは自分が伝達したことについて、想いをめぐらせていることに気づくでしょう。どうしたらもっと的確に共感を持って肯定的な感じで話すことができただろうと、何度も繰り返し考えるかもしれません。このように注意が向いてしまうのは、伝達能力を向上させようという私たちガイドの意図の反映なのです。

ガイドのメッセージを明瞭に受け取るには、通常は練習をしなければなりません。

ガイドはあなたのエネルギーシステムに慣れ親しみ、それを良い状態に微妙に調整しなければなりません。言葉や概念が自分の思考から生まれたように思える時でも、それは高い波動へと引き上げられ、別のやり方で語られたり形作られたりします。もっとも難しいのは、わかりきっている事柄や期待する答えをチャネリングで引き出そうとすることです。愛している人やよく知っている人のことをガイドにチャネリングするほうが難しいこともあります。すでに自分が答えを知っているように感じているからです。私たちが共にワークしてきたチャネラーのほとんどはとても誠実に、受け取ったメッセージを伝えています。自分がすでに知っていることを受け取ったからといって、そのメッセージを無効にしないでください。

伝達されるものは形や言葉や概念に当てはまるものばかりではありません。たいていは翻訳の過程で何かしらが失われてしまいます。翻訳者なら誰でも、ある言語を違う種類の言語に当てはめることの難しさを知って

79　4章　ガイドとのコミュニケーション方法

いるでしょう。異なった種類の言語は、異なった種類の思考プロセスを反映しています。私たちガイドはチャネリングが始まると、伝えた内容に合わせて選ばれる言葉、言い回し、概念をチェックしています。そしてあなたのパーソナリティ、信念、概念的枠組みなどを観察し、それに応じて思考インパルスを調整しています。翻訳をよくチェックし、常にうまく伝達が行われるようにしていきます。こうすることで、あなたの受信能力はこちらが伝えるエッセンスをより良く反映したものとなります。

チャネリングをしていると、自分の過去の経験を思い出しながら話していることもあるかもしれません。それはリーディングに関連した内容かもしれません。ガイドをチャネリングしているというより、自分の記憶を使っているように感じるでしょう。ガイドはあなたが経験して間もない出来事を話すように要求してくることもあるかもしれませんが、そんな時でもあなたは自分がより高次元の知恵と理解から話をしているのを感じます。

気づきを拡大させるものは何であれ良いチャネラーになる助けになります。

あなたが今まで読んできた本や探究は、ガイドの要求に応える実践的な力を養います。ガイドはあなたが本で読んだことのある概念を使い、それを新しい方法で統合します。十年前に何かの本で読んだ概念を使ったり、昨日学んだばかりのことを使ったりします。何であれあなたのマインドにあることは、ガイドにとって使える道具なのだということを理解してください。

ガイドが話す時は、マインドのなかでこう話しかけてくるはずです。「この本で読んでいることを覚えておきなさい。この段落、この概念を覚えておきなさい」と。それは、あなたがリーディングをしている相手が、まさにその時知りたいことなのかもしれません。ガイドはあなたのマインドを見渡して、その時点で言うのに適したものを記憶のなかから選択するかもしれません。また別のタイプの伝達では、ガイドは「引き金」となる言葉を送ってきます。たとえば「勇気」という言葉を受け取り、そこから始めるとします。その言葉を口にすると、思考や概念が連鎖となって次々と出てきます。一つの言葉が引き金となってすべてが出てくるのです。

ガイドはあなたの個人的な知恵を、より一般的な枠組みに翻訳します。あなたが経験し学んでいる宇宙のレッスンを見せ、人生をより高くスピリチュアルな観点から見られるようにしてくれます。ガイドはこの宇宙の真実を他の人も同様に使えるようサポートしてくれるのです。

ガイドは自分自身の魂の知恵とつながることができるようにしてくれます。

チャネリングで声を発する「引き金」として、私たちはあなたの思考を利用します。あなたがチャネリングしている時、私たちは思考の底流にいます。そこからどんな思考を引き金にするかを選んで、マインドは特定の物事を特定のやり方で話すのです。マインドのある領域に光を当てると同時に、あなた自身の魂の知恵も刺激します。こちらの概念を引き出すのではなく、マインドが表現するために必要な言葉を引き出すのです。マインドの知識や経験が豊かであればあるほど、こちらの思考インパルスを表現するための言葉を選択しなければなりません。

ガイドはあなたのパーソナリティと声を通してやってきます。だから始めのうちは自分によく似ているように感じられるでしょう。覚えておいてください。自分の声を自分自身だと思うのと同じように、ガイドが話しているのを聞いていると、自分自身が話しているように思えてしまうものです。ガイドの声が自分の声と違うほうが、ガイドが話していると信じられるかもしれません。訛りがあったり話すペースが違ったり、普段の声とは違うトーンのほうがわかりやすいのです。

言葉はとても重要です。その精密さはあなたが理解している全体像の大きさによって変わります。私たちが伝えようとしている概念の多くを本当に理解してもらうには何冊もの本を書かなければならないでしょう。伝えるメッセージをシンプルにするために、ある程度精妙で細かな部分は削られてしまっているので、誤解を招く可能性もあります。ぎりぎりのところまでメッセージをシンプルにして理解できるようにし、それと同時に私たちの次元からくる深み、明晰さ、知恵、真実を保つようにしています。

メッセージは例を用いたり、暗喩《メタファー》や対比を使って伝えられることもよくあります。この過程では、過度に単純化してしまう恐れがつきまといます。例外や特例については、必ずしも含まれているわけではありません。あなたの語彙のなかに適当な言葉がなければ、伝えたいことを説明する言葉をつくらなければならないこともあります。あなたが成長し理解が深まると、より複雑で広範囲のメッセージを送ることができます。私たちはあなたが今理解できるアドバイスを与えます。より大きな像が見えていないために、みなさんのほうで私たちのアドバイスから間違った結果を引き出してしまうこともあるでしょう。しかし成長の一つの段階で、あるテーマについて受け取った情報は、成長するにつれて拡大し明確になり修正されていきます。だからチャネリングしたものを記録し、それを再読することには大事な意味があります。将来さらに大きな構図が見えるようになってから記録を読み返すと、最初に受け取った情報を何度か別の意味で解釈していたことに気づくでしょう。そして最初に期待していたより、もっと偉大なガイドの知恵を発見するでしょう。未来のあなたにとって、そのメッセージはより深遠で意義深いものになるはずです。

5章　チャネリングの準備

❖高次元のガイドを引きつけるには

オリンとダベン

ガイドとはじめて出会う時は特別な機会なので、特別なイベントとして準備をしておいてください。それは人それぞれに異なるユニークな体験です。ガイドの存在を感じたことがある人でも、最終調整が行われガイドと完全につながるまでは期待で胸がいっぱいになります。

ガイドはあなたの人生のなかに色々な形で登場してきます。それは他の高次元のガイドの監督と指示のもとに行われることもあるし、あなたの方からつながりを求めてガイドにコンタクトすることもあります。この本は、どうやってガイドとコンタクトを取るのか理解できるように書かれています。第Ⅱ部の6章、7章はガイドを呼ぶ方法を習得するためのコースに使用できます。一人でコースを学ぶこともできるし、友だちの助けを借りて学ぶこともできます。このコースを簡単に行うもう一つの方法は、6章、7章にあるガイドラインに沿って自分でテープをつくることです。チャネリング能力を開発しガイドを呼ぶ練習をするためのカセットテープもあります（テープについては巻末を参照）。

またあなたに質問を出し、意識を集中させて信頼し、話に耳を傾けてサポートしてくれる友だちがいれば、初心者でも簡単に取り組めます。誰かに助言や答えを求められている時のほうが、チャネリングしやすいという人もいます。他の人を助けたいという思いが、話すことやガイドとつながることへのためらいを取り除くからです。7章では、サポートしてくれる友だちがいる場合の手順を説明します。

ある段階までくると、誰かのためにチャネリングをしてみたいと思うでしょう。その人の反応によって、ガイドのほうではどの程度まで複雑な情報を送ってもいいか、より多くのフィードバックを受け取ることができます。あなたと友だちがガイドのメッセージを理解すると、ガイドはどんな解釈が行われているのか全体的に見極めることができるので、それに応じて伝達の仕方を調整できます。メッセージをもっと単純にすべきか精細にすべきか、また付加情報や背景について説明すべきかどうかなどを判断することができます。

❖ 最初はどんなことが予想されるでしょう?

オリンとダベン

高次元のガイドは、たいてい穏やかにやってきます。あなたの波動がガイドと大幅に違う場合は、ごく稀ですが穏やかでないこともあります。私たちの経験や、これまで観察してきた他の大勢の人たちのケースを見ると、ガイドは驚かせたり恐れさせたりすることなく、いるのかいないのかわからないくらいとても穏やかにやってきます。ほとんどのガイドたちは穏やかにやってくるし、あなたのトランス状態も軽く意識を保った状態なので、「これは自分の想像ではないか」と思えるかもしれません。

ガイドはあなたのオーラにとても穏やかに入ってくるので、始めはその存在を疑うでしょう。

とても簡単にチャネリングを始めてしまう人たちもいます。ガイドとあなたのエネルギー・フィールドがほどよくチューニングされていると、移行のための長い期間や肉体的な不快さを感じることなくトランスに入ることができます。マインドを静めたり、エネルギーを集中してガイドにチューニングするので、トランスに入るのに時間がかかる人たちもいます。ガイドが入ってくる時に身震いをしたり強い肉体的感覚がある人もいますがこれは稀です。通常こうした感覚はその人が肉体を流れる大量のエネルギーを扱う方法を身につけるとなくなっていきます。一番よくあるのは、発熱やぞくぞくする感覚です。こうした肉体的感覚はガイドが入ってくる瞬間に起こるものですが、チャネリングを続けていくうちに収まっていきます。もし不快な感じがしたら、エネルギーに受容的になれるようにガイドにお願いしてください。

チャネリングを続けていると、自分のものではないガイドの存在の波動を感じることができるようになります。ガイドは通常の知覚範囲を超えた波動を持っているので、自分の波動とガイドの波動を区別できるようになるまでには少し時間がかかります。姿勢や呼吸など体に微妙な変化を感じるかもしれません。話す時の声のリズム、速さ、パターンに微妙な変化が見られるかもしれません。こうした違いを正しく感じられる人もいればそうでない人もいます。

あなたがガイドのエネルギーを扱うことに慣れてくると、ガイドはつながりをさらに深めてきます。どうやってつながりを強めていくか、自分がガイドからアドバイスを受けていることに気づく時があると思います。毎回チャネリングするごとに、ガイドとのより深く強いつながりができていきます。もっとガイドを感じたいなら、あなたを完全に受け入れ保護し、面倒見良く協力的で賢明で、なおかつ力強く愛に満ちた存在が自分の周りを取り囲んでいると想像してみるといいでしょう。ガイドがそこにいると思い続けていると、だんだん想像ではなく本当にガイドを感じることができるようになります。

あなたはガイドの存在を感じることができても、はっきりと姿を見ることはできないかもしれません。ある人々は光と色彩を見て、ある人々は自分が空間に漂っているように感じます。ガイドたちの世界はあまりにも光に満ちあふれているので、そこに入ると目がつぶれてしまうように感じる人もいます。それは暗い部屋からいきなり明るい太陽の光のもとへ出るようなものです。はっきり目が見えるようになるまで、そこに慣れる必要があるのです。この高い領域にはじめて到達する時、感覚的なものに圧倒されてしまって具体的なメッセージやアドバイスを受け取れないことがあります。高い波動の世界を知覚できても、そこを旅できるようになるまでには少し時間がかかるのです。

ガイドをリーディングするには、焦点を絞り集中する能力が必要です。

マインドがあちらこちらに動いていると、ガイドとのつながりは失われてしまいます。マインドの焦点を望ましいレベルに維持できるようになるまでには、ガイドが語ることに集中し、意志の力で結びつきをしっかりと保つ必要があります。そうすることで侵入してくる自分自身の思考を落とすのです。この状態を「内側への強力な集中」と描写している人たちもいます。この技術を習得すると、自分の思考とガイドのメッセージを同時に体験できるようになります。始めのうち情報は曖昧なものに思えるでしょう。それは「口から出かかっている」のに、今ひとつつかみきれないように感じられるかもしれません。とりあえず次の概念に移り先へとリーディングしていくことで、最初に受け取った概念の意味が次第にはっきりしてくることに気づくでしょう。

最初の言葉がやってくると、次の言葉が流れてくる前にそれを話してしまわなければなりません。普段話をする時は、これから話を進めることについてあらかじめわかっているので、このやり方はリスクを冒しているように感じるかもしれません。最初にチャネリングを始める時は、ただ情報が流れてくるのにまかせてください。自分が馬鹿げて見えるのではないかと心配になるかもしれません。意味のないメッセージを伝えていると思えるかもしれません。ただ手放しで信頼し、子供のように冒険を楽しんでください。伝達のスピードが早すぎたり遅すぎたりする時には、ガイドにペースを調整してくれるように頼んでください。時々とても表現しきれないような情報が頭のなかにどっと氾濫することもあるでしょう。もし関連性のない細かな情報をあちこち拾い集めているようなら、興味の持てる部分を見つけてそこから始めましょう。

最初のうちは、伝達された情報ではそのガイドが高次元の存在かどうかを見分けるのはむずかしいでしょう。しかし高次元のガイドなら、ポジティブで高揚していく良い感覚があります。ガイドは脳の特定の部分を刺激しますが、始めのうちはあなたに働きかけ慣れていないこともあります。ガイドとのつながりが形になるまでにはしばらく時間がかかります。最初にあなたが発する言葉は、ガイドによって送られた印象を正確に反映していないかもしれません。この時期は、他の学びの過程と同じように疑いの気持ちが色々とやってくるかもしれませんが、何もおかしいことではありません。

チャネリングすると気づきが高まり気分が高揚します。

初期の段階でガイドは伝達方法を試行錯誤しながら、どうしたら素晴らしい明晰な伝達ができるかを模索します。初期の頃、ガイドは試行錯誤を重ね、どうしたら素晴らしい明晰な伝達ができるのかを模索しています。伝達方法は何百もあり、そしてそのなかで一番抵抗が少ないやり方を選びます。あなたがガイドといる時に心地良く安らいでいるほど、ふさわしい感覚回路にメッセージを印象として送りやすくなります。メッセージやその意味が取りつきにくいものに感じられたら、ガイドが一番ふさわしい回路を選んでいないということです。あなたとガイドは、思考や概念が一つになります。よく自分がガイドと一つになって行動しているように感じられることがあるでしょう。ガイドにチューニングし調和するようになってくると、異なる領域をへだてているヴェールが薄くなり、自分自身の力で新しいことをたくさん見たり理解できるようになります。

チャネリングは、想像しているよりもずっと簡単です。

ほとんどの人が「想像していたよりもずっと簡単だった」、「この感じは前に経験したことがあるし、とても親しみを感じられる」と言います。簡単に考えてください。自分は本当にチャネリングできているか、ただ話を創造しているだけではないかと迷うことなく、言葉が出るにまかせ流れを止めないでいることは大きな挑戦です。

流れ出てくる知恵に驚嘆するかもしれません。話している時、あなたは大いなるガイドの存在感で満たされています。隠されたメッセージや偽装されたもの、はっきりしないもの、ぼんやりしているもの、謎解きのようなメッセージなどを探そうとしないでください。何か埋もれたメッセージを探そうとしているわけではないので、はっきりとわかることを話してください。はっきりした情報こそ、語られるべき一番重要なものです。高次の存在のスペースにいる時に、真実ははっきりした単純なものであることが多いのです。

チャネリングを始める時は、必ずしも言葉でメッセージがくるわけではありません。ガイドは単純にエネルギーの次元を広げたり開いたりして、あなたが進歩の次の段階に入るための準備をしているのかもしれません。あるいはガイダンスを内的なメッセージや心のなかのイメージとして受け取っているということもありえます。

チャネリングを始めてからある程度時間が経ったら、実験をしてみてください。ガイドを呼びこむ前に質問を言い、あなたのマインドにやってきた答えを録音してみましょう。それからガイドを呼んで、同じ質問をするのです。ほとんどの場合、違った答えがやってくるでしょう。その答えは、問題をより愛に満ちた拡大された視野で見たものでしょう。たとえあなたとガイドの回答の内容が同じでも、ガイドのものは微妙に異なる傾向があることに気づくでしょう。

初期の段階で、話したことすべてを記録しておくことは特に重要です。これにはいくつかの理由があります。

これは自分の進歩の過程を理解するのに役立ちます。チャネリングしたものを見直せば、そこにもたらされた知恵を見ることができます。ある女性は本当にチャネリングできているかどうか自信がなかったようですが、ガイドの情報をすべてタイプしました。三ヵ月後その記録を発見して読んだ時、その情報に釘づけになり、そこにこめられた英知に衝撃を受けました。その時ガイドがこれから彼女が経験するであろうと告げたことは、本当にその後起こっていたのです。記録したものを読むことで、彼女は自分がしていることの価値を信じることができるようになりました。

チャネリングを記録する理由は他にもあります。いったん言葉が録音されたり書かれたりすると、それはあなたの現実の一部となります。その記録は物理的な世界であなたが高い英知を創造するために役立つこともあります。テープや紙に言葉を記録するたびに、高い英知が姿を現すためのステップを踏み、物理的現実に近いところにメッセージをもたらす作業をしていることになるのです。

あなたが呼ぶと、ガイドはいつもそこにいます。

よくこういう質問をされます、「どうして私が呼ぶと、ガイドはいつもそこにいるのですか」と。私たちは時間と空間を超えたところにいます。いったんあなたとワークしようと決めると、ワーク全体を見渡します。あなたのマインドが変わると描かれるイメージも変わりますが、私たちのほうでは瞬間瞬間にワークの全体像をつかんでいます。セッションとセッションの間、こちらでは時間を感じていません。私たちには終わりもなければ始まりもありませんが、こちらでの時間を含む連続性の流れの中にいます。トランス状態に入ると、私たちの一部が再びあなたの世界に入っていきます。そこへ入っていく私たちの一部は直線的に流れる時間というものを知らず、前回コンタクトした時のことを記憶しています。これは電話の回線が切断されたりつながったりするようなものです。こちらでは次に強いつながりが起こるのを待ち続けています。私たちの意識ははるかに巨大なものです。何千という事柄を一度に扱うことができます。あなたとつながるには、こちらの意識のほんの小さな部分しか使いません。いつでもあなたが呼ぶ時に、しっかりした明晰なチャネルを保つことも、みなさんとの約束の一部なのです。

❖ 魂か、ガイドか?

オリンとダベン

よくはじめてチャネリングが始まる時の過程についてよく説明を求められます。受け取った知恵が、内なる自分自身からきたものなのか、ガイドからのものなのか区別がつかないようです。人によってはチャネリングをする時にガイドを分離した存在として体験する人もいれば、ハイアーセルフや魂につながっていると感じている人もいます。これらの異なる感じ方について検証してみましょう　自分の魂の声を聞くのと、ガイドをチャネリングするのとどう違うのかと思われるでしょう。自分の魂がどんな感じか知らない人がたくさんいます。それは「魂の」思考と「ガイドの」思考インパルスを区別できないでいるからです。魂とはこの次元を超えて存在する、より大きなあなたです。それは死後も生き続け、これまでの人生の記憶をすべて持っており、次の生での成長のチャンスを選択します。ここでは「魂」「根源の自己」「ハイアーセルフ」といった用語を使います。

このとても微妙な違いがわからなければ、体験のレベルでガイドをチャネリングしているのか、魂の光から受け取っているのかを区別するのは難しいでしょう。時間をかけて練習すると、この違いがだんだんわかるようになっていきます。

チャネリングはすべて魂を通して行われます。

私たちがみなさんを通して話をする前に、まず魂の同意がなければなりません。私たちははじめに魂に向けて発信します。それから魂がマインドに、メッセージを送ります。チャネリングの時、私たちはみなさんが意識を保っているかどうかに関わらず魂に向けて発信をします。たとえあなたが無意識の状態でも、コミュニケーションの内容には魂の受け取った印象が反映されているのです。メッセージは魂を通してやってくるので、どこか馴染みのあるもののように感じられることもあるでしょう。

ハイアーセルフではなくガイドをチャネリングしているという証明は探しても見つからないでしょう。証明するものは人それぞれ違うからです。あなた自身さえも知らなかったような情報を引き出し、そのヴィジョンや予知が驚くほど正確であることもあるでしょう。それはあなたにとっての証拠にはなりますが、他の人にはそうではありません。

こうしたことは徐々に自分でわかるようになっていきます。これは高次元の知恵、これは魂、これはハイアーセルフが話しているのだと区別して説明する人たちもいます。自信を持ってこれはガイドだと感じている人たちもいます。ガイドの名前を受け取り、ガイドが話していると感じるなら、自分自身が深いところで知っていることを信頼してください。

ガイドではなく、魂が話しているという感じがすることもあるでしょう。ときには魂が話していることもあります。ハイアーセルフや根源の自己をチャネリングするのもいいでしょう。あなた自身、美しく賢い存在なのですから。魂の知恵は、あなたが自分自身に知ることを許容する範囲よりもはるかに大きなものです。根源の自己からの高次元の知恵は、高次元のガイドからの知恵と同じくらい深遠なものでありうるのです。

デュエン

チャネリングしている人たちを見ていると、いわゆる「直感的」な自己からシフトしていく時のエネルギーの変化がよくわかります——エネルギーの調和がとれて滑らかになっていき、ガイドのスペースに入ると、どこか自分の外側から情報を引きつけてエネルギーを吸引するようになっていきます。チャネリングした本人たちにシフトしているところを見たと話すと、彼らもまさに同じ瞬間に肉体的感覚や思考を感じ、メッセージを受け取っていたことをはっきりと証言しています。

❖ガイドの名前を知る

サネヤとデュエン

ガイドの名前がすぐにわかるという人がいます。音や文字で受け取り、後で名前に組み立てる人もいます。受け取った名前が「正しい」かどうか知るために大変な努力をし、混乱して、リラックスした後ではじめて名前がわかったという人もいます。名前を尋ねて一週間後にそれを受け取る人もいれば、まったく名前を受け取れない人もいます。ガイドたちは名前が人々にとっていい感じがするものであれば、それが正確かどうかはさほど気にかけていないようです。チャネリングしている間、最初の数日間は名前が微妙に変わることに多くの人が気づいています。名前がよくフィットしていると感じられるまで、それは変わり続けます。

ガイドは、他のガイドから名前を受け取るよりは、自分のガイドから直接名前を受け取ったほうがつながりが強まると言っています。オリンもこう言っています、「最初のうちはあまりガイドの名前を知ることにこだわらないでください。こちらの領域では、私たちはお互いをエネルギーのパターンで見分けます。そして他の転生で使っていた名前を含め、自分たちのエネルギーに一番ぴったりくる名前を探します」。

名前の最初の文字や音を受け取り、音と文字の正しいコンビネーションを見つけるまで自分であれこれ試してみる人たちもいます。ときには何かの読み物を読んでいて、そこで見たものがガイドの名前だと気づくこともあります。人によっては複数のガイドの複数の名前を受け取っています。ある女性には十二のガイドがついていて、「十二人の評議員」と呼ばれています。また別のある女性には三人のガイドがいて、みずからを「親愛なる者たち」と称しています。一人のガイドがほとんどの質問に答えていますが、質問によっては他のガイドが答えます。ある男性がガイドの名前をずっと聞き続けていました。しかし、彼のガイドは「我々に名前はない」と言い続けていました。また他の女性にはとても情報が豊富で賢いガイドがいましたが、名前はまったくわかりませんでした。二年後、ついに彼女は名前を聞くことをあきらめました。どんな体験であれ、それは正しいのです。

多くの人々がガイドの名前を見て、それが自分にとって重要な意味があると気づいています。フラワー・エッセンスのワークをやっているある女性が、自分のガイドの名前「マヤ」というのを感じ、聞き取りました。その名前を後で調べてみると、それが「花の集い」を意味していることを発見しました。ある男性は、チャネリングを始めた夜に月の夢を見ました。彼のガイドが伝えてきた名前はマーガレットでしたが、それはギリシャ語の「真珠」からきていることがわかりました。さらにそれはペルシャ語の「月」からきた言葉でした。名前遊びを展開してみてください。

あなたにチャネリングを学ぶ心の準備ができていると感じたら6章に進んでください。また私たちや他の人たちのチャネリング体験について知りたければ10章に進んでください。

ご愛読者カード

ご購読ありがとうございました。このカードは今後の参考にさせていただきたいと思いますので、お手数ですがご記入のうえお送りくださるようお願いいたします。

★メールマガジン「ナチュラルスピリット・ニュース」（無料）を発行しています。小社のホームページ www.naturalspirit.co.jp よりご登録いただけます。最新の情報を配信しています。

●お買い上げいただいた本のタイトル

●この本をどこでお知りになりましたか。

1. 書店で見て
2. 知人の紹介
3. 新聞・雑誌広告で見て
4. DM
5. その他（　　　　　　　）

●ご購読の動機

●この本をお読みになってのご感想をお聞かせください。

●今後どのような本の出版を希望されますか？

購入申込書

本と郵便振替用紙をお送りしますので到着しだいお振込みください（送料をご負担いただきます）

書　籍　名	冊数
	冊
	冊

郵便はがき

恐縮ですが
切手をお貼り
ください

104-0061

東京都中央区銀座3－11－19
スペーシア銀座809

株式会社 ナチュラルスピリット ⑻⑼

愛読者カード係 行

フリガナ		性別
お名前		男・女

年齢	歳	ご職業	
ご住所	〒		
電話			
FAX			
E-mail			
お買上書店	都道府県	市区郡	書店

第Ⅱ部 † チャネルを開く

6章 トランス状態に入る

❖ 練習のための手引き

サネヤとデュエン

高次元のガイドにつながりチャネリングを学びたいのなら、これから述べるエクササイズが役立ちます。これはオリンとダベンがチャネリング・コースのために伝えてくれた情報に基づいています。何百人という人々が、効率的にチャネリングの能力を開くためにこの方法を利用してきました。オリンとダベンは直接私たちに会ったり、コースに参加しなくても自分で学べるようにこの本に説明を加えています。オリンとダベンに頼めば、ガイダンスやエネルギーのサポートをしてくれるでしょう。また、あなた自身のガイドも同じようにサポートしてくれるはずです。

このエクササイズの課程は続けて行うのがベストです。自分のペースで進めて、今いるところから始めてください。チャネリング習得までのプロセスを一つにまとめてあるので、あなたの準備ができていれば、最初から始めてその日のうちにすべて終えてしまうこともできます。あるいは何週間か時間をかけて学ぶのもいいでしょう。チャネリングの能力を開発していく時は、自分を愛し、忍耐強くいて、そして遊び心をもって努力してください。あなた方一人ひとりはみなそれぞれにユニークで、体験することも自分だけのものであることを覚えておいてください。

どんな新しい技術でも、習得する時には未知の世界に入っていく心の準備や積極性が大切です。チャネリングのような世界に出会うと、誰でも胸がときめいたり神経質になったり不安になるでしょう。チャネリングを学ぶ心の準備ができていると思う時にだけ、エクササイズを行ってください。もし今はまだ心の準備ができていないと思うなら、この部分をとばして第Ⅲ部の10章に進んで、私たちや他の人たちのチャネリング体験を読んでみてください。チャネリングしたいと強く願えば、おそらくあなたが思っているよりもずっと早くその時はやってきます。

チャネリングをする準備をしてください。もうすでに準備のために多くのことをしてきたかもしれませんが。チャネリングを始めるためには、リラックスし、その状態を保つ必要があります。その状態で少なくとも5分間は意識の焦点を絞り集中できるようにならなければなりません。瞑想や自己催眠によって、この方法を習得している人もいるでしょう。

リラックスし、焦点を絞ることに自信がついたら、最初の二つのエクササイズから三つ目の「生命エネルギーにチューニングする」へ行きましょう。リラックスし、意識の焦点を絞ることがチャネリングの鍵となることを覚えておいてください。チャネラーとして上達していくと、これらの段階を通過するのがより楽になり、チャネリングの能力はもっともっと明確なものになっていくでしょう。

もしリラックスして焦点を絞ったトランス状態を習得するのが難しかったら、最初の二つのエクササイズをするといいでしょう。何日かかけてリラクゼーションのテクニックに慣れ、集中のエクササイズで集中力を養ってください。トランス状態に入る一つの方法に、誘導瞑想のテープを使う方法があります。自分でテープをつくってもいいし、他の人がつくったものを使ってもいいでしょう。このエクササイズの課程は、トランス状態に入るための自分用のテープをつくれるようにも構成されています。オリンとダベンはすべての過程であなたをサポートするようなテープをつくりました。もしよければ、使ってみてください（テープについては巻末を参照）。

エクササイズやチャネリングを学ばないほうがいい時期もあります。病気をしている時、一時的に強い悲しみやショックを受けている時、危機に直面しとても困難な時期を通過している時などは、チャネリングを学ばないほうがいいでしょう。同じように長期間落ちこんでいる時、疲労困憊している時や肉体的に消耗している時はチャネリングを学びたいとは思わないでしょう。ガイドとはじめて接触する時は、十分休息がとれていて健康でポジティブな気分の時が一番です。ガイドとの明確なつながりができた後は、その関係をネガティブな感情から脱するために使うことができます。処理しきれない恐れ、疑い、質問がある時には、徹底的に追求して、納得できる答えを見つけ出すまではチャネリングをしないほうがいいでしょう。

チャネリングを上達させる方法は、他の技術を習得する場合と同じです——勉強を続け、成功しようという固い意志を持ち、習得する過程に心から愛情を注ぎ、進歩のために役立つことを責任を持って行うことです。上達して明晰なチャネルになりたいというあなたの気持ちこそが、もっとも偉大な教師の代わりとなるのです。

これからご紹介するエクササイズは、チャネリングを学ぶための一連の流れがわかるように構成されています。エクササイズをする時は、いつでもできるだけ高いところへ到達しようという志を持っていてください。そうすることで高い領域につながる能力が高まります。はじめてチャネリングをする時は、このエクササイズを利用してみてください。あるいは自分のやり方を応用してつくり出すのもいいでしょう。いったんチャネリングを習得しエクササイズに慣れてきたら、今度は学んだ形や手順にとらわれず自分のスタイルをつくっていってください。私たちは、今では儀式的なことをほとんどせずに簡単にトランス状態に入ることができます。

よく「白い光に包まれていたほうが良いのですか」という質問を受けます。白い光の球体に包まれるイメージから始めたい時もあるでしょう。光というのは自分を守るために使うのでなく、波動を上げるために使うものです。光の球体のイメージを使うのは他の人のサポートをする時だけです。その人が疑いを手放し、高い次元の状態を保つのに必要な時に使います。サネヤはオリンとトランス状態に入る時、高次の存在に自分自身を手放しゆだねる体験をしています。彼女はオリンがやってくる前に光の球体で自分を包む方法は取りません。オリンは光「そのもの」だからです。

チャネリング状態にいる時は、いつも楽しい気分でいてください。楽しいことをやり続けてください。冒険してください！　何かをしなければならないとか、何かをすべきだという考えは持たないでください。チャネリング状態に慣れれば慣れるほど、このスペースの持つ精妙さを感じられるようになっていくでしょう。チャネリング状態で旅できるスペースには終わりがありません。それは新しい成長体験への無限の扉なのです。

リラクゼーションのテクニックを練習するには、「リラックス状態に入る」を見てください。リラックスできるようになったら、「焦点を保ち集中する」のエクササイズに進んでください。この二つをマスターしたら、「生命エネルギーにチューニングする」のエクササイズに進みましょう。

……………………オリンとダベンのエクササイズ*1……………………

リラックス状態に入る

●目標

このエクササイズは、トランス状態に入るための基本的な準備をするためのものです。チャネリング体験を、リラックスして簡単に楽しくできるようにすることが目的です。

●準備

最低10~15分間、誰にも邪魔されない時間を選びます。電話は切っておいてください。もし家に誰か他の人がいるなら、しばらく一人になってドアを閉めておくことを説明しておきましょう。平和で瞑想的な状態にいると、子供や他の人がそれに引かれて突然あなたに話しかけてくるので驚くかもしれません。愉快で、心を穏やかにさせる雰囲気を自分の周りにつくり出してください。ゆったりした衣服を着るようにしましょう。快適であることはとても大切なことです。はっきりと目が覚めている時間を選びましょう。食後や疲れている時は回復するまで待ちましょう。穏やかな気分を落ち着かせる音楽をかけましょう。

●手順

……ステップ1

椅子か床に10～15分、楽に座れる姿勢をとってください。

……ステップ2

目を閉じ、ゆっくりとした穏やかな呼吸を始めてください。胸の上部でゆっくりとしたリズミカルな呼吸を二十回続けて行います。

……ステップ3

色々な考え事を忘れてしまいましょう。それが消えていくようにイメージしてください。思考が湧き起こるたびに、黒板にそれが書かれていて、そして努力しなくても消せるとイメージしてください。あるいは思考を光の球で包み、それが流れ去っていくと想像してもいいでしょう。

……ステップ4

体をリラックスさせてください。静かに穏やかで安らかな感じが、内側に広がっていくのを感じてください。全身をくまなく旅しながら、色々な部分がリラックスしていくのをイメージしてください。心のなかで足、脚、太腿《ふともも》、胃、胸、腕、手、肩、首、頭、顔がリラックスしていくと感じてください。顎《あご》を軽くゆるめて、目の周りの筋肉をリラックスさせましょう。

……ステップ5

白い光の球を身にまといましょう。その大きさ、形、明るさをイメージしてください。光の球を大きくしたり小さくしたり、ちょうどいいくらいに調節してください。

……ステップ6

穏やかにリラックスし、戻ってくる準備ができたらゆっくりと注意を部屋に戻してください。穏やかで平和な状態を味わいましょう。

●チェック・ポイント

他の人がどう感じるかではなく、自分が普段よりも穏やかでリラックスしていると感じたら、次の**「焦点を保ち集中する」**のエクササイズに進んでください。

普段よりも穏やかでリラックスしていると感じられなかったら、いったんエクササイズをやめてまた別の時にするか、ステップを逆戻りして体のそれぞれの部分がもっとリラックスできるようになるまで時間をかけましょう。よりリラックスした穏やかな状態に入るために自分なりの手順や思考を編み出してください。うまくリラックスできなかったら、より深いリラックス状態と内側の静寂に入るために、一～二週間毎日20分程度練習するだけでも十分です。絶対にこの方法でなければいけないというわけではありませんが、ガイドが入ってくるのに最適なマインドの状態に慣れるために役立ちます。

❖ 焦点を絞る――チャネリング状態の一要素

オリンとダベン

チャネリングで大事なポイントは、情報を受け取り、アウトプットするために意識の焦点を絞る能力です。もしヒーリングを仕事にしているのであれば、高次元のエネルギーをチャネラーとして受け取りながらワークをしたいと思うでしょう。ガイドから言葉で情報を受け取っているなら、同時にそれを話したいと思うでしょう。チャネリングで課題となるのは、情報を受け取るのは簡単でも、同時にそれを話すのが難しいということです。このような心理的、身体的な調整は習得できるものです。

瞑想やリラックスをするために座ると、思考にあることすべてが表面に出てきます。ある女性は「座ってチャネリングしようとすると、いつもしなければならないことをあれこれ全部思い出してしまう」と言います。電話し忘れている人たち、返事を書かなければならない手紙、家の修理をしなければならないことなどあれこれ全部思い出すそうです。湧き起こる思考をメモしておくために紙を用意しておくことにしました。いったんそれを紙に書くと、リラックスして深いトランスに入れると言うのです。もしそれを書かなかったら、忘れてしまうのが心配でトランスに深く入ることもできず、途中で止めてしまうそうです。メモを取る方法は彼女にとって役立つものでした。もし同じ問題を抱えていたら、この方法が役立つかどうか試してみてください。

時間をかけて、広がった意識の状態に慣れていくことは重要です。普段の思考の流れを静め、一度に一つの概念に集中することを学んでください。今、焦点を絞ることができなくても心配しないでください。練習していくうちに簡単になっていきます。高次の一つのポイントに意識を集中できるようになると、ガイドとクリアなつながりを持てるようになります。

……………………

オリンとダベンのエクササイズ*2

焦点を保ち集中する

●目標

マインドは早く活発に動く性質を持っています。チャネリングをするためには、マインドのスピードと活動をガイドからやってくる情報の流れに向けて集中させる技術がある程度必要になります。

●準備

肉体的、感情的にリラックスした状態でいます。必要に応じて、心がとても落ち着くような穏やかな音楽をかけましょう。必要ならペンと紙をそばに置いておきます。

●手順

……ステップ1

リラックスし、あなたの人生にもたらしたい「ポジティブな」性質を一つ選びます。それは愛、慈悲、喜び、平和のようなものかもしれません。

……ステップ2

その性質について考えながら、人生のなかでそれを体験する方法がいくつあるか想像してください。そのポジティブな感じを持つことで、人生はどう変わるでしょうか。そのポジティブな性質をもっと持っていたら、どんなふうに違う行動を取るでしょうか。その性質があることで、他の人々との関係がどんなふうに変わるでしょう。

……ステップ3

そのイメージや思考を、明確にできるだけ長く保つようにしてください。これを少なくとも5分間続けてください。

……ステップ4

その性質とは関係のない思考が入りこんでくるのを見守っていてください。それがあなたにとって重要で覚えておく必要のあるものなら、マインドのなかから手放せるようにメモを取っておいてください。

他にこんなエクササイズも試してみてください。花やクリスタルなど何でも自分が心を引かれる対象に焦点を当てます。今度は、その対象を観察してください――その色、大きさなど詳細を――少なくとも5分間、他の思考が入りこまないように保ってください。

偉大なる存在やマスターが目の前に座っていると想像してみるのもいいでしょう。自分がマスターの瞳を見つめて、その高い波動に同調していくと想像してください。このイメージとのつながりを最低5分間持続することができるか試してみてください。

●チェック・ポイント

どれだけ長く焦点を保つことができるかに注意を向けてください。5分から始めるのがちょうどいいでしょう。焦点を5分間保てない場合は、5分間続けられるようになるまで約一週間、毎日1分からスタートしてください。5分かそれ以上焦点を保つことができるようになったら、次の「生命エネルギーにチューニングする」のエクササイズに進んでください。

オリンとダベンのエクササイズ＊3

生命エネルギーにチューニングする

●目標

チャネリングをしている時、感覚や直感の次元でガイドの存在を感じられるようになってみましょう。生命エネルギーの微妙な波動を感じることで気づきが開き始めます。

●準備

リラックスし、「焦点を保ち集中する」でやったように少なくとも5分間集中できるようにしておきます。「リラックス状態に入る」でやったのと同じように、音楽を使うなどして自分の状態を整えます。他のことに中断されない時間、邪魔されない場所を見つけます。クリスタルと花をすぐに手の届くところに置いておきます。

＊用意するもの　・クリスタル二個、できればクリアクォーツとアメジスト各一個。
・二本の花もしくは一つの植物。触ることができるものならどんな種類でもよい。

●手順

……ステップ1

楽な姿勢をとって体をリラックスさせ、思考を静めて感情を穏やかにします。2～3分時間をかけてリラックス状態に入ります。宇宙のいたるところから、自分のエネルギーをすべて呼び戻すと想像してください。自分が受け取ってしまった他の人のエネルギーをすべて手放して、上へ送り返すと想像してください。

……ステップ2

右手にクリスタルを一つ持ちます。クリスタルを歓迎の気持ちで迎えてください。その完璧なエネルギーのパターンを感じてください。一つひとつのクリスタルが特別なタイプのエネルギーを持っていて、あなたにとって良いものを増幅させてくれると想像してください。クリスタルのエネルギーを本当によく感じてみてください。心のなかでクリスタルにエクサイズの目標が達成できるようにお願いしましょう。自分が感じていることを言葉で表現できるでしょうか。クリスタルに少なくとも2～3分は注意を向けてみてください。

……ステップ3

そのクリスタルを置いて、もう一つのクリスタルを手にとってください。こちらのクリスタルでも同じようにやってみて、最初のクリスタルとどこか違うところがあるか気をつけてみてください。エネルギーは自分の想像からやってきているように感じるかもしれません。そのように感じるものなのです。この微妙な次元で、自分がエネルギーを感じることが「できる」ということに注目してください。

……ステップ4

クリスタルを置いて、花を一本手に取るか植物に手を触れるかしてください。その花もしくは植物を迎え入れ、それと親しんでください。自分がいかにその生き生きとした感じやエネルギーを感じられるかに注意を向けてください。少なくとも2～3分はそれを感じて迎え入れることに費やしてください。

……ステップ5

その花もしくは植物を置いて、残りの花を手に取るか植物に触れてみましょう。その花もしくは植物を迎え入れ、それに親しんでください。自分がいかにその生き生きとした感じやエネルギーを感じられるかに注意を向けてください。二つの花もしくは植物のエネルギーの違いに注目してください。

……ステップ6

トランス状態から完全に戻り、ストレッチをして目を開きます。

……ステップ7

感じ取ったことを思い出して、自分は簡単に他の生命形態の微妙なエネルギーを感じることができるという信念を持ってください。クリスタルと花や植物の生命エネルギーの異なる質を、できるだけたくさん思い出してください。

●チェック・ポイント

想像でつくり上げているように思われても、少しでも微妙な波動を感じられればそれは良い傾向です。次の**「トランス状態での体の姿勢とポジション」**の練習に進んでください。もし何も感じられなかったら、できるようになるまでこのエクササイズを繰り返してください。

オリンとダベンのエクササイズ＊4

トランス状態での体の姿勢とポジション

●目標

トランス状態に入り高いスピリチュアルな次元と調和するのに、一番良い姿勢とポジションを見つけること。

●準備

「生命エネルギーにチューニングする」の練習が完了していることと、基本的にリラックスして意識の焦点を保つことができるようになっていること。ゆったりした服を着て、床か椅子に楽に上体を起こした姿勢で座ります。背髄《せきずい》を一つひとつ重ねるような感じでまっすぐに座り、20分くらいそのままでいられるようにします。

床に座っていたら、お尻の下に枕を敷いたほうがいいでしょう。体調がある程度良い時に行うのがベストです。痛みがあってはいけないというわけではありませんが、痛みや不快感が妨げにならなければ大丈夫です。気温は暑すぎず、また寒すぎないように。スピリチュアルで高い感覚に自分を引き上げるような音楽をかけましょう。

●手順

……ステップ1

目を閉じて体をリラックスさせ、感情を落ち着け、マインドを静めていってください。リラックスして思考を静めるのに、少なくとも2〜3分かけてください。宇宙に散らばっているあなたのエネルギーを一つひとつ戻してきてください。

……ステップ2

光と愛の領域に、上へ向かって旅を始めるのだと想像してください。スピリチュアルで高いスペースに自分がいると感じ始めるまでエネルギーを調整してください。特別な感覚を喚起するようなイメージなら何でも利用してください。星空の下にいることをイメージしたり、教会や寺院にいる時の崇敬の念に満ちた感覚を思い出してください。自分を高いスペースに連れて行き、内なる神をより深く感じられるようにしてくれるものとつながりましょう。

……ステップ3

その感覚にどんどん入っていってください。体のポジションを調整したくなるかもしれません。顔、首、肩の「微妙な」動きを観察してください。どんなポジションがより内側の拡大をもたらし、高い思考に結びつくのか発見してください。胸の上部で深く呼吸をしてください。姿勢がどんなふうに変わり、頭のポジションがどの位置に移動するかに注意を向けてください。頭が浮いていると感じてみてください。それはわずかに前後左右に傾いているかもしれません。頭の角度をいろいろ変えて試してください。思考のスピードが落ちいくのにまかせてください。胃のあたりをリラックスさせてください。姿勢やポジションをほんの小さく変えるだけで、内側の感じに大きな変化をもたらすことに注意を向けてください。

……ステップ4

内側の感覚を体験してください。すべての感覚を通じて聞くようにしましょう。心のなかのお喋りや雑多な物事がなくなっていくのに注意を向けてください。周囲のもの、部屋、音、匂い、エネルギーに自分がより気づいているということにも注意を向けてください。気づきが、あなたをより高いところへ押し上げるのにまかせてください。

……ステップ5

呼吸に注意を向けてください。手と手首をリラックスしましょう。高いエネルギーへのチャネルが開き始めると、体が少しゾクゾクしたり温かくなるかもしれません。地球を超えたより高次元の領域に開いていきましょう。右脳のすべての細胞、その受容的なマインドが高次の領域を鏡のように完璧に映し出しているとイメージしてください。高次のエネルギーが完璧に精密に明晰さをそなえ、右脳から左脳、意識的なマインドに流れていくとイメージしてください。高次のエネルギーが右脳から左脳に、その完璧な精密さと明晰さをそなえた意識的マインドが流れていくとイメージしてください。自分のマインドを、高い領域を映し出す高山の澄んだ湖であるかのように観察してください。この高い波動を吸収するのに数分間を費やしてください。

……ステップ6

マインドを保ったまま、できるだけ高いところまで行ってください。より偉大な愛や思いやりの感覚がやってくるかもしれません。自分自身の中心に留まり、バランスを取り、愛に満ち、心を開いているようにしてください。このスペースに入ったり出たりして試してみてください。体が内側の変化にどんなふうに対応していくかに注意を向けていてください。自分がこの感覚に対して直接的、自発的に思考を使ってどんな変化を与えられるかを見ていてください。

……ステップ7

このスペースでの可能性についていくらか探究をしたところで意識を部屋に戻し、完全にこの場にいて目覚めていてください。

このチャネリングのスペースにいる練習を、様々な環境や場所で行ってみてください。日中、自然にチャネリングのスペースに入っている時間を見つけてください。たとえば問題の解決方法を探すために集中している時、誰かにアドバイスをして愛を注いでいる時、絵を描いたり何かを教えたりしている時などです。特定の姿勢や一定の環境が、しきたりや必須条件のようなものにならないようにしましょう。あらゆる環境において良好なつながりをつくり、チャネリング状態に入れるようになりましょう。

●チェック・ポイント

この体験から、普段感じる愛や慈悲の感覚よりも偉大な何かが感じられたり、内側に広がっていくようなフィーリングがあるようなら、7章**「ガイドとつながる」**に進んでください。特に難しく感じるようなら、実際よりも難しく考えすぎているのかもしれません。リラックスして、思考や「こうでなければならない」という思いを手放し、もう一度挑戦してみましょう――自分のペースでけっこうです。

7章　ガイドとつながる

❖ ごあいさつと歓迎の辞

サネヤとデュエン

さあ、始めましょう！　ついにチャネリングの能力を開く時がやってきました。あなたが夢見たり本で読んだり考えたりしてきたことを、とうとう実現する時がきたのです！

はじめにあなたはガイドの歓迎を受けるでしょう。自分の特別なガイドを呼んで、「心のなかの」会話を続けます。そのガイドは自分が口頭でメッセージを伝えるようになる相手かどうかがわかってくるでしょう。もしそうなら次の段階、「ガイドのメッセージを言葉でチャネリングする」に進んでください。

この本の最初の部分を読んでから少し時間が経っていたら、3、4、5章をもう一度読むことをお勧めします。ガイドとは誰か、チャネリングするとどんな感じになるか、ガイドはどんなふうにコミュニケーションを取ってくるかについて説明されています。

自分に準備ができていると感じられ、健康状態が良好で、感情的にポジティブで、高次のガイドをどうやって見分けるかについての疑問が解決してはじめて次のエクササイズを行ってください。覚えていてくださいーーこの冒険の道であなたは一人ではありませんーーチャネリングが実際は想像よりも簡単なのは、ガイドからのサポートがあるからなのです。

……………………

オリンとダベンの方法＊1

ガイドの領域への歓迎セレモニーとはじめての出会い

●目標

あなたをガイドの領域へ歓迎し、チャネリングしているガイドの印象を意識的にとらえられるようにすること。

●準備

この過程に入る前に、6章の**「生命エネルギーにチューニングする」「トランス状態での体の姿勢とポジション」**を終えてください。畏敬の念を呼び起こし気分を高揚させるような、穏やかで美しい音楽をかけましょう。

「トランス状態での体の姿勢とポジション」で内側の広がりを感じるのに役立った音楽を選びましょう。

●手順

……ステップ1

トランスの姿勢に入ってください。背筋をまっすぐにして、楽にしていられるか確認しましょう。もう一度、足元から始めて全身のポジションをチェックしてください。手、背中、足の位置に注意を向けてください。呼吸に意識を向けてください。これまで練習してきたトランス状態に入ってください。

……ステップ2

自分が高く高く昇って行き日常の現実を超越し、愛と光と喜びの高い次元に入っていくとイメージしてください。光を浴びている自分を想像してください。自分のスペースが美しく柔らかい白い光で満たされているのを感じてください。

……ステップ3

光の存在がたくさんそばへやってきて、あなたと共にいるとイメージしてください。慈しみに満ちた彼らの愛を感じてください。それを受け取るようにハートを開いてください。あなたの現実と別の現実の間の扉が開いていくとイメージしてください。周り中に愛に満ちた高次元の存在がいるのを感じてください。彼らはあなたを高い次元へと迎え入れます。そこには喜びと無条件の愛があります。高次元の存在たちはそこへ入る扉を、あなたのためにつくっているのです。

……ステップ4

あなたがこの関係をつくろうとしているのは、偶然ではないということを理解してください。この瞬間にあなたを導いてきた一連の出来事をふり返ってみてください。出会いのチャンス、本を読んだり、人生ですでに起きた変化のことを。あなたのガイドや他のガイドたちはあなたに気づいて、近づけば近づくほど特別の歓迎をしてくれます。

……ステップ5

自分の前に扉があるとイメージしてください。扉の向こう側は高い波動の光の世界で、そこでは成長のスピードが加速します。内側へ、ハートへと入っていってください。そして、自分自身とより大きな関係を持つ準備ができているか、奉仕の道へ入る準備ができているかハートに聞いてみてください。準備ができた時、この扉のなかへ入ってください（もし準備ができていなかったら、一週間後にこの扉に入ってもけっこうです）。降り注ぐ光が、あなたを癒し浄化していくのを感じてください。人生に新しい次元の光が入ってくるのを受け入れてください。これは本物の扉で、そこを通ったら人生は変わるのだということを覚えておいてください。

……ステップ6

多くの高次元の存在によって、人類の進化の計画があることが告げられてきました。静かに座って、このメッセージに耳を傾けているとイメージしてください。自分のエネルギーが、その計画に同調しているつもりになってください。この日からあなたの道は開かれ、行うことすべてが偉大なる計画に沿ったものになります。自分の成長の道をどう歩もうとも、あなたは光のチャネルとなります。

……ステップ7

より高く高く行くにつれ、姿勢を調整していってください。あなたと同調しているガイドや教師のなかで、できるだけ高次元の存在がくるように頼んでください。あなたのガイド、もしくは特別なガイドがあなたの目の前に現れるとイメージしてください。そのガイドを感じ、あなたへ向けられた愛を感じてください。受容的でいてください。自分のハートがガイドを歓迎しているのを感じてください。ガイドの反応を感じてください。これは本当に起こっているのだと信じてください！　想像力はチャネリングに一番近い能力です。それは最初のうち、ガイドがあなたとつながる一番簡単な方法なのです。

……ステップ8

あなたのガイドはどんなふうに見え、どんなふうに感じられますか？　印象がやってくるのにまかせてください。やってくる感覚、イメージ、印象、情報を、内容によって削除したり特定の価値基準で評価したりしないでください。ガイドの高次元のフィーリングに慣れ親しんでください。

……ステップ9

マインドのなかでガイドに挨拶をしてください。そのガイドが、光からやってきたのかどうか質問してください。自分の高い善とスピリチュアルな道に同調した、できる限り高次元のガイドがくるようにお願いしていることを確認してください。ガイドが近くへやってくるのが心地良く感じられるようになるまで、心のなかでよく話し合いをする必要があるかもしれません。もしそのガイドがいい感じがしなかったら、あなたにとって価値のあることを告げてくれるかどうか聞いて、去ってくれるようにお願いしましょう。もう一度、より高次のマスターや教師にきてくれるようにお願いしてください（ここで何か疑問があれば、4章を参照してください）。そのガイドが良い感じがしたら、次のステップに進んでください。

……**ステップ10**

ガイドに、チャネルを開くためにできることなら何でもしたいと頼んでみましょう。あなたはこのことにしっかり向き合って、言葉でチャネリングする準備ができているのですから。ガイドに、言葉でチャネリングする準備としてまだやらなければならないことがあるかどうか、メッセージを送るように頼んでみましょう。

……**ステップ11**

メッセージを受け取ったら、光の存在みんなに感謝し、ガイドからの賞賛を受けてください。ガイドに感謝し、言葉でチャネリングする準備ができるようにしてくださいと頼みます。お別れを言って、ゆっくりと楽に日常の現実に戻ってきてください。これであなたと言葉をチャネリングするガイドとのつながりができました。

●チェック・ポイント

扉を通って行くことができ、心のなかでガイドを感じたり出会うことができたら、次の**「ガイドのメッセージを言葉でチャネリングする」**に進んでください。

扉を通ったとしても、心のなかでガイドを感じたり話しかけたりすることができなかったら、また別の時に同じ手順を繰り返してください。心のなかでガイドと出会い対話できるようになるまで、次の過程に進まないでください。

扉を通って行く準備ができていないと感じたら、次の過程には進まないでください。扉を通って自分自身とより深く出会っていくことは大きなステップです。先へ進む前に、10章から13章までに書かれているサネヤやデュエンや他の人々のチャネリング体験を読むといいでしょう。扉を通って行く決心がついたら、ここへ戻ってきてこの過程をガイドと心が十分に通じるまで行ってください。

サネヤ

オリンがはじめて私に扉を通って行くチャンスを与えてくれた時、私は「イエス」と言えるまでに三週間かかりました。それまで私は一心に扉のことを思っていました。「心のなかで」扉を通ってから数日後、私の人生は劇的に変わりました。他の人に奉仕したり助けたりする機会が、あちらこちらからやってきました。デュエンの体験もまったく同じです。彼もしっかり向き合う決心がつくまでに時間がかかり、決心してから数日後、劇的な変化を体験しました。

オリンとダベンの方法＊2

ガイドのメッセージを言葉でチャネリングする

●目標

この過程は、あなたの声を通してガイドのメッセージをもたらすためのものです。ガイドの名前を知り、トランス状態でも質問に答えられるようにします。

●準備

これより前のエクササイズを修了してください。始める前に手順全体を通して読み、全体の指示を把握しておいてください。言葉でチャネリングする時は、いつもテープレコーダーを用意しておいてください。チャネリングしたものを再度聞くことで、とても貴重な洞察を得ることがあります。レコーダーのマイクがどこにあるかに気を配り、それを押さえこんだり覆ったりしないようにするか、マイクだけ別になっているタイプのものを使用するといいでしょう。テープに日付、チャネリングのテーマなどを書いたラベルを貼り、テープレコーダーにセットします。レコーダーとマイクをテストして音声がちゃんと入っているかを確かめてください。これはあなたの伝達装置です。チャネリングを録音し、将来役立てるためのものです。レコーダーとマイクのところに照明を当て、チャネリングが録音される様子が見えるようにしておきましょう。トランス状態に入っている時に、機械の操作をするのは難しいものです。テープレコーダーをオンにして、忘れずに正しいボタンを押してください。

「**はじめてのガイドの到来**」、「**ガイドの名前を知る**」など前に紹介した項目を必ず読んでおいてください。ガイドにする質問を、自分の質問も含めて用意しておいてください。その質問を録音して別のテープレコーダーで聞けるようにしておきましょう。もし友だちがそばにいたら、質問を渡しておいて質問してもらいましょう。ただし、チャネリングの前にその友だちに後で紹介する「**ガイドとはじめて出会う時――パートナーをサポートし導くための手引き**」の項を読んでもらうようにしてください。

最初は40分以上トランス状態にいないようにしましょう。もっと長時間トランス状態に入っていても危険ではありませんが、あまり長いと疲れてしまうかもしれないからです。途中でガイドとのつながりが弱くなったと感じたり、疲れてきたと感じたらいつでもトランス状態から完全に抜け出してください。最初のつながりを持つことさえできてしまえば、今後もっとつながることができます。再びトランスに入るまでに一時間くらい休憩しましょう。

●手順

……ステップ1

必要に応じてサポートになるような特別な音楽をかけてください。背筋をまっすぐにして楽に座れるポジションを見つけてください。目を閉じてトランスに入るためのポジションをとり、トランス状態に入ってください。ゆっくりと深く、胸の上部に息を吸いこんでください。黄金の光が、あなたの後頭部から首の上部に降り注ぎ、ガイドとのつながりを活性化するとイメージしてください。必要に応じて、白い光の球のイメージを自分の周りにつくり出してください。

……ステップ2

さあ、エネルギーと光が喉や声帯に流れこんでくるのをイメージしてください。その部分を、ガイドの高い光のエネルギーに対してゆだねてください。喉を開くための一つの方法に、息を吐くたびに「オーム」をとなえる方法があります。さらにリラックスして、この音を数分間繰り返してください。音と振動があなたを高めていくのにまかせてください。

……ステップ3

ガイドとつながることは簡単だと信じてください。自分のエネルギーを、光と愛の高い次元につながっていると感じられるように調整してください。もう一度自分が上昇し、その存在が拡張し、ガイドたちが再びあなたが通ることのできる扉をつくっていると想像してください。

……ステップ4

以前、出会ったことのあるガイドを呼んでください。そのガイドに、もう一度挨拶をしてください。そのガイドに心のなかでもう一度、話しかけてみてもけっこうです。このガイドが高次元のもので、愛にあふれ堅実であると感じられるかどうか確認してください。自信を持ち準備ができたと思ったら、ガイドをあなたのオーラやエネルギーにさらに近づけていってください。

……ステップ5

それでは、自分のエネルギーシステムにガイドをもっと全面的に迎え入れているとイメージしてください。ガイドがそっとあなたのオーラに入りこみ、優しく、愛に満ちたやり方でそばにやってきています。ガイドの存在感が強くなっていくのを感じてください。そのつながりを、もっともっと近いものにしていってください。ガイドにサポートを求めてください。体の姿勢を少しずつ変えていく必要があるかもしれません。頭や首のポジションをガイドとのつながりを強めるために変えたり、後頭部や首のエネルギーを開いた状態にしておくことも必要かもしれません。あなたはガイドと一緒になり、ガイドの光のなかに座っていて、なおかつ自分のエネルギーは侵されていないとイメージしてください。自己の感覚も同じくらいの強さでそこにあり、「自己」のフィーリングも不変であるとイメージしてください。

……ステップ6

さあ、ガイドを完全に自分のオーラのなかに迎え入れてください。ガイドの波動はとても軽く、愛にあふれ堅実です。ガイドの愛の存在が、あなたをまるごと包んでいるかのように感じられるでしょう。ガイドは、あなたの最良のものを拡大してくれているように感じられるでしょう。幸福感があるでしょう。ガイドが高次元からの存在だと感じられ、光からやってきたと告げている時にだけつながり続けましょう。もし重たい感じや、抵抗感、ネガティブな感じがあったら、そのガイドを引き寄せるのを止めてください。より高次のガイドにきてくれるようお願いし、そのガイドに去ってくれるように言いましょう。

……ステップ7

自分の感情に注意を向けてください。私たちは愛の存在なので、一緒にいると思いやりを感じることがあるでしょう。あるいは穏やかさや静けさを感じるかもしれません。つながりを強めるには、時間をかけて練習しなければなりません。オリンとダベンのエネルギーを呼んで、チャネリングの能力を開くためのサポートを求めてください。今日、最初のつながりをつくってくれたあなたの好意を誉めたたえたいと思います。

……ステップ8

では、このつながりがもっと強まっていくとイメージしてください。もしマインドのなかで、「これは自分だけのことじゃないか」とか、「本当にガイドとつながったのだろうか」という声がしても、その考えを手放してください。たとえそれが真実かどうか証明できなくても、とりあえず今は確かに高次元のガイドとなつがっているのだと信じてください。

……ステップ9

テープレコーダーをオンにしてください。あなたが出会ったガイドに名前をたずねてみてください。それは音かもしれません。じっくりと時間をとってください。もし名前を受け取れなかったら、頭文字か音を受け取ろうとしてみてください。名前を確実に録音しておいてください。これからあなたとガイドは、数週間にわたり名前を変更していくことになるでしょう。人によっては複数のガイドがいることを発見し、複数の名前を受け取っています。名前を受け取ったら次のステップに進んでください。最初は名前を受け取れなくても大丈夫です――受け取れないままでも大丈夫ですが――すべてのガイドが名前を持っているわけではありません。しばらく経っても名前を受け取れなかったら、次のステップに進んでください。

……**ステップ10**

ガイドに質問をして、チャネリングを始めてください。**「はじめてのチャネリングでガイドにする質問」**から質問を選びましょう。**「宇宙の性質について」**の質問の答えを受け取るのが難しかったら、**「個人的なことについて」**の質問をしてみてください。特別な答えが得られない時は、絵やシンボルを受け取っているかどうかチェックして、そのことについて話してみてください。質問への答えもイメージも受け取れない時は、ガイドにもっと開いてつながりを強めてくれるよう頼んでください。言葉の伝達が始まるように、体の感覚など自分が感じていることを何でも声に出して話してください。受け取った答えを録音しましょう。まるで自分がガイドであるかのように喋るのが難しかったら、メッセージを客観的なものとして伝えてください。たとえば話し始める時、「ガイドはこう言いました……」とつけ加えてみましょう。心地悪い感じがしたら、ガイドに問題となっている部分を開いてくれるようにお願いしてみましょう。

……**ステップ11**

あなたとガイドの間で質問に答えるやり方を確立したら、違和感がない限り、どんどん質問を続けていきましょう。ガイドが答え終わったら、チャネルを閉じる前に、静かに座ってガイドのエネルギーを味わいましょう。話す必要はありません。この状態がもたらす調和を感じてください。

……**ステップ12**

あなたの心の準備ができたら、次はもっと楽にできようにつながりを強化したいとガイドに伝えてみましょう。

……ステップ13

終わったらガイドに感謝して、ガイドからの感謝も受け取ってください。トランス状態から完全に抜け出してください。体をストレッチして動き回り、目を開いて完全に目覚めた意識状態に戻りましょう。

●チェック・ポイント

チャネルの開通おめでとうございます。とても特別な関係ができ上がりました。これから始まる楽しみと冒険の世界へようこそ。この章の最後にある**「卒業セレモニー」**のところを読んで一緒に参加してください。

もしガイドとつながれなかったら、できるまで練習を繰り返してください。必要な波動の高さまで自分を高めるためには集中力、忍耐、根気が必要です。ガイドにつながりができるよう頼み続け、あなたのところへガイドがこられるように静かな時間をつくってください。この過程をはじめて一人で行っているなら、次回は質問をして、答えを聞いてくれる友人と一緒に行うといいでしょう。**「ガイドとはじめて出会う時――パートナーをサポートし導くための手引き」**を読んでください。

何度か試みてもガイドとつながれなかったら、他の方法を試してみるといいかもしれません。たとえばガイドを呼んでマインドに様々な考えが流れ出るにまかせ、それが手に伝わってコンピュータやタイプライター、ペンや紙に書き出されるといったふうに。時々、このほうがはじめてチャネリングする時にやりやすいという人もいます。

トランス状態から戻ってきた時にぼーっとしている感じがしたら、まだガイドとのつながりが完全に断たれていないのです。完全にトランス状態から抜け出るために、体をストレッチしたり歩き回ったりしてみましょう。それでもまだぼーっとしているようなら、外へ出るか室内を歩き回りましょう。左脳の働き、分析的思考を使うようなことを何かしましょう。

集中して内側のメッセージを受け取るためには、目を閉じて視覚的刺激をなくしたほうがやりやすいので、目を閉じるように指導してきました。ほとんどの人は目を閉じたままチャネリングするほうがやりやすいようです。しかし、目を開けたままチャネリングすることも可能ですし、まったく問題はありません。

❖ はじめてのチャネリングでガイドにする質問

サネヤとデュエン

もし友だちと一緒にこの手順を行っているのでなければ、一台のテープレコーダーに長い間隔を空けて質問を録音しておくといいでしょう。ガイドとつながっていく時、二台目のテープレコーダもスイッチを入れ、トランス状態でも答えられるようにしておきます。サポートしてくれる友だちがいたら、ガイドに質問してもらいましょう。ガイドの答えがあまりにも短いものだったら、もっと詳しく答えてくれるようにお願いしましょう。質問の目的は、ガイドとのつながりを確立し安定させることです。

チャネリングを始めたばかりでも「宇宙の性質について」質問し、答えを簡単に受け取れる人もいます。しかし、多くの人たちにとってこれは簡単なことではありません。もし「宇宙の性質について」の答えを受け取るのが難しかったら、次の「個人的なことについて」の質問をしてください。特別な答えでなくても、内側の目でシンボルやイメージを見たら、それについて話してください。

……………………

オリンとダベンからの質問＊1

宇宙の性質について

Q1　本当の喜びのなかに生きることは可能ですか。本当の喜びとは何ですか。本当の喜びと幻想の喜びをどうやって見分ければいいですか。ハイアーセルフの喜びとパーソナリティの喜びには違いがありますか。その両方を持つことはできますか？

Q2　ハイアーセルフは一般に知られている自己とは違いますか。どうしたらハイアーセルフに到達できますか。ハイアーセルフは誰でも同じですか。ハイアーセルフはどんな感じがしますか。

Q3　意志の作用とはどのようなものですか。それは強制することなく方向づけることが可能でしょうか。欲しいものを得るためには、他にどうやってそれを方向づければよいでしょうか。意志はどんな働きをしますか。自分が欲しいものをつくるためには、どんなこと（プロセスやテクニックなど）ができるでしょうか。

Q4　人間はどうやって人生にもっと光をもたらすことができますか。

Q5　すべての人は人生の目的を持っているのですか。人が生まれてくることを選ぶ理由には、どんなものがありますか。地球に生を受けている間、人々はどんなことに働きかけるのでしょうか。

Q6　宇宙は本当に豊かで友情に満ちた場所なのでしょうか。

Q7　他人の思考や感情に影響を受けることはありますか。どうやって他人から影響を受けたと知ることができますか。それに対して何ができますか。

Q8　あらゆる関係性には目的があるのですか。相手のなかに見るものは、すべて自分が働きかけていることの反映でしょうか。自分自身を変えることで、関係性を変えることができるというのは本当ですか。

Q9　未来の運命は決まっていますか。自由意志はありますか。自由意志があることで何が得られますか。どうしたら自分が望んでいる未来をつくることができますか。

Q10　地球自体には、意識や生命力といったものがありますか。その性質はどのようなものですか。地球は今何を望んでいますか。地球は今何らかのメッセージを発していますか。

Q11　世界平和のために今個人が貢献できることは何ですか。自然保護のために個人が貢献できることは何ですか。

Q12　チャネリングを学ぶ目的は何ですか。それは私自身や人類にどのように役立ちますか。

オリンとダベンからの質問＊2

個人的なことについて

人によっては以下の質問のほうが**「宇宙の性質について」**の質問よりも答えやすいようです。ガイドにこのなかからいくつか質問してみてください。もし答えが出てこなくて、他の人と一緒にやっているのでなければ、思考や肉体的感覚などを含めた自分の感覚をテープに吹きこんでください。始めのうちは、ガイドからの答えが自分の答えのように思われても、話し始めることが肝心です。ガイドと言葉でつながったら**「宇宙の性質について」**の質問に戻ってください。

●一般的な質問

Q1　私の人生の目的は何ですか。
Q2　この人生において私が学ぶべきことは何ですか。
Q3　人生をもっと豊かにするには、どうしたらいいですか。
Q4　私が＿＿＿＿＿＿との関係において学ぶべきことは何ですか。
Q5　今の私にとって、もっとも高い道とは何ですか。
Q6　自分の創造性を最大に発揮するには、どうしたらいいですか。

Q7　内なる平和を実現するにはどうしたらいいですか。内なる平和はどんな感じがしますか。

●個人的な質問

ガイドに答えてほしい質問を書き加えてください。

Q1

Q2

Q3

Q4

Q5

Q6

Q7

❖ガイドとはじめて出会う時
——パートナーをサポートし導くための手引き

誰かチャネリングを始めようとしている人をサポートする時は、この手引きをよく読んでください。それはチャネルとなる人はもちろん、あなたにとって特別な時間になります。チャネルとなる人がはじめてガイドに開く時、あなたはパートナーとして途方もなく大きなサポートをすることになります。パートナーがトランス状態に入ってはじめてガイドとつながる時、エクササイズを読んで聞かせてあげてください。テープレコーダーがオンになっていて質問に対するガイドの答えを録音する準備ができていることを確かめ、操作を手伝ってあげてください。

「ガイドのメッセージを言葉でチャネリングする」の過程にあるステップ1からステップ8の手引きに沿って、パートナーがトランスに入るのをサポートしてください。パートナーがトランス状態に入り、ガイドを呼びこんだらテープをオンにしてガイドの名前を尋ねてみましょう。名前を聞いたらスペルを聞いて紙に書き出してください。もし名前が出てこなかったらパートナーに文字や音が出てきているかどうか尋ねてみてください。ガイドが何も答えようとしなかったら、質問に答える準備ができているかどうか尋ねてください。名前はこれからガイドに直接語りかける時に役立ちます。もし名前がわかっていたら名前を使ってください。ガイドの同意が得られたら、始めに「宇宙の性質について」の質問をしてください。チャネリングする人がこの種の質問の答えを受け取るのが困難だったら、「個人的なことについて」の質問に移ってください。パートナーがまだ声によるつながりを確立していなかったら、ゆっくりと「パートナーの体の感覚について」の質問に移っていってください。チャネリングする人をトランス状態で話ができるように導くことが、今もっとも重要なことです。

これら質問の目的は、チャネリングをする人の喉のセンターを開き話をさせることです。すぐに答えが得られなくても心配しないでください。人によっては答えるまでに長い時間が必要なこともあります。チャネリングする人に時間をたくさん与えてください。沈黙している時はガイドに接触していることがよくあるからです。だから答えを「見つける」まで、十分な時間を与えてください。チャネラーの答えが非常に短くて早いものだったら、さらに細かい部分まで答えられるように助けてあげてください——答えのある部分について質問したり、その情報に好奇心を持ってください。

もしチャネラーがガイドと言葉ではつながっているのに答えが得られない時は、チャネラーが知らない人についての質問をしてみてください。たとえばあなたの友人についてなど、チャネラーが答えたことについての意義あるフィードバックを十分に得られる人についての質問がいいでしょう。ガイドにその友人の名前を告げ、「その人を助けるために私は何ができますか」「その人との関係性のなかで私が学ぶべきことは何ですか」といったような質問をします。予知、日付や時間など細かい答えを含む質問はしないでください。

パートナーがトランス状態に入っている時間は、合計で20~40分以内が好ましいです。トランス状態から戻ってきた時、あなたのポジティブなフィードバックと情熱がガイドとのつながりを確かなものにする助けになります。パートナーがまだガイドと言葉によるつながりを確立していなかったら、協力的であり続け、また別の時を選んでこの手順を行ってください。

オリンとダベンからの質問＊3

パートナーの体の感覚について

以下の質問は、パートナーが「ガイドへの質問」に言葉で答えられなかった場合にのみ行ってください。パートナーが楽に話せるようになったら、すぐに「宇宙の性質について」の質問に戻ってください。

Q1 肉体的感覚は何かありますか。体はどんな感じがしますか。

Q2 今、感情はどんな状態ですか。

Q3 何か見えたり聞こえたりしますか。

Q4 自分が体験していることを、できる限り言葉にしてください。

チャネラーが何も感じられず、質問に答えるのが困難なら、ガイドにつながりを強めることができるかどうか尋ねてください。パートナーが遮断されているように感じると言ったら、ガイドに何をすればいいのか教えてくれるように頼んでください。あなたのポジティブで支えになろうとする態度が、ガイドがパートナーに入っていく時にもっとも強い助けとなります。あなたの励まし、関心、忍耐、そして愛が差し出すことのできる一番大切なものなのです。

❖ 卒業セレモニー
チャネリング能力が開いたことを祝福しましょう

オリンとダベン

ガイドが意識的に受け入れられている時、私たちのいる場所は喜びに満ちあふれます。チャネルが開くと、私たちは途方もなく大きな興奮に包みこまれます。こちらの光が地上へ届いた時お祝いをします。意識的なつながりができたことを祝うだけでなく、コミュニケーションを取るあなたの能力が開いたことをこちらのみんながお祝いします。私たちは愛をこめて祝います。こちらの領域へ拡大されたあなたの意識は、新しい命の誕生と同じです。それは光のなかへの誕生なのです。

つながりが確立された時、私たちはお祝いをします。

いったんチャネルが開いたら、あなたが望む限り人生にたくさんの良い変化が起こります。あなたの望みは以前よりもずっと早くかなえられるでしょう。スピリチュアルに進化するにつれて、望みについて細かく知ることがより重要になっていきます。自分が何を望んでいるかに注意深くいてください。なぜなら望んだものを受け取ることになるからです。今、望んでいるものすべてが手に入ったとしたら、次は何を望むでしょうか。たくさんのゴールがやってくるので、このような問いが胸に浮かぶようになるのです。ポジティブな思考と言葉を用いて、自分の話し方に注意を向けていてください。あなたは宇宙のマインドと、より強くつながり、結びついていくでしょう。高次元の創造性、エッセンス、光に届いていくでしょう。あなたの言葉や思考は、より強い影響力を持つようになるでしょう。言葉や思考が、癒したり傷つけたりするパワーを増します。自分の必要や願望をポジティブに表現してください。自分が欲しくないものより欲しいものに焦点を当ててください。なぜなら焦点を当てたものを受け取るようになるからです。気分を高揚させるような言葉を選び、人の間違っているところよりも善良で正しい部分に目を向けるようにしましょう。

光の領域へようこそ。

人生は困難である必要はありません。もう苦闘する必要はありません。私たちはあなたが自立できるようにサポートします。助けを呼ぶことを忘れないでください。呼びかけがあって、はじめて助けることができるからです。ガイドは、人生を実現するために必要な道具をすべて手に入れるのを手伝ってくれます。チャネリングをしている時、あなたは現実のより高いフィールドにいる存在たちの、より大きなコミュニティの一部となります。調和に満ちたフィーリングや思考は、私たちのワークに非常に大きく貢献します。あなたがとまどっていると私たちはそれを感じます。私たちはあなたの人生の混乱を静め、大いなる安心と平和のなかで生きられるように共にワークします。

人生は平安なものでありえます
——物事は喜びに満ちたやり方で起こりうるのです。

必要なのはあなたが進んでオープンになり、受け取り、自分自身を信頼し、世界を新しいやり方で体験し、成長のためにこのチャンスを使おうとする姿勢です。行く手にはたくさんの出来事が待っています。チャネリングの能力が開通することは、新しい世界の始まりだからです。あなたに準備ができると人々が成長のために助けを求めてやってきます。一番大事なのは誠実さと責任感です。外の世界で自分をうまく表現し、かつ謙虚に、他の人のなかにある光を認め、その素晴らしさについて話してください。あなたはニューエイジのリーダー、教師、そしてヒーラーです。より多くの光を取り入れているあなたには、人々を引きつける力があります。チャネリングの能力を開くことで扉を通り抜けたのです。よりたやすく世界に変化をもたらすことができるようになります。あなたの選択は、より明確になっていくでしょう。これからの未来に起こる可能性があることが見えるようになり、どちらの道を歩めばよいのか意識的に選択することができるでしょう。自分の道を迷わずに選んで、断固として自分自身でいてください。それが自分の道の一部でない限り、他人の道に責任を持とうとしないでください。

あなたは進化の力と共にワークし、それに逆らうことなく流れのなかを泳いでいくでしょう。人生を実現することに決意を持ってのぞんでください。自分のより高い善が行われるのにまかせてください。たった一度の転生で、高次元の意識への道をすべてたどることもできるのです。

今はかつてなかったほど、一度の転生で高次元の意識に到達することが容易になってきています。私たちの領域は喜びと笑いにあふれています。だからあまり深刻にならないでください。宇宙と戯れて、宇宙があなたと戯れるのを受け入れてください。ガイドを迎え入れることは素晴らしい旅の始まりにすぎません。その旅は発見の神秘、学ぶことの喜び、光のなかに生きることの幸福感に満たされています。

サネヤとデュエン

ここでちょっと休憩して、ここまで体験したことをまとめる時間を少し取ることをお勧めします。休憩後、8章「他の人のリーディングをする」に進むか、10章～13章でサネヤやデュエンの体験を読んだり、人々のチャネリング体験を読んでみるといいでしょう。チャネリング能力を高める方法についてもっと知りたければ14章に飛んでください。

8章　他の人のリーディングをする

❖ 他の人のリーディングをする

サネヤとデュエン

チャネリングのコースに参加すると、他の人のリーディングをする機会があるでしょう。それはガイドに出会う特別な機会です。リーディングに対して、受容的かつ協力的でそこから恩恵を汲み取ることのできる人たちのためのチャネリングは一番楽しいものです。相手を選んでください。頼んできた人全員のリーディングをしなければならないと思わないでください。ガイドとのつながりは、天によって与えられた貴重な贈り物なのです。あなたやガイドのエネルギー、ガイドと共にいる時間を本当の意味で評価できる人のためにこの能力を使ってください。このことに共鳴し、協力的な人のためにチャネリングすると、あなたもまた勇気づけられるでしょう。いい加減な好奇心や失礼な感情を抱いてくる人たちをリーディングした後は、活力を奪われたように感じワークの価値を疑う気持ちが強まってしまうでしょう。本当にチャネリングしているかどうか、証拠を得ようと試す人たちのためにリーディングをする必要はありません。ガイドから学び、恩恵を受けることのできる人たちは山ほどいます。そういう人たちのためにリーディングすることをお勧めします。

習ったばかりのことは、一番うまく教えられるものです。

ガイドが人々の質問にどう答えるかについて、先入観をすべて捨ててください。ガイドの答えは想像していたものとまるで違うかもしれないし、自分でもう答えが出ていることについてのアドバイスかもしれません。宇宙は学びの機会をおかしなやり方で与えるものです。ときには何かについて学んだ直後、あなたが解決したばかりの問題と同じ問題に、今取り組んでいる最中の人がリーディングを求めてやってくることもあります。他の人たちのためにガイドから送られてくる賢明な助言を伝えているうちに、自分の人生のことも明確になっているのに気づくでしょう。

チャネリングしている時、真実は明らかです。

ガイドのアドバイスが当然のことだと思えても、それを話してください。明白なことこそ、人々が耳を傾ける必要のあることだからです。情報の伝達をしていると、他の人たちにとって意味のあることでも自分にとっては何の忠告にもならず、意味を持たないことのように思われることもあるかもしれません。その情報がやってきた瞬間、すぐにすべてを理解する必要はありません。ガイドは人々の人生についてより大きな全体像を見ており、その時その人にふさわしい物事だけを伝えてきます。答えがこうでなければならないといったような恐れや期待を抱かないでください。高い次元の愛にあふれたメッセージを翻訳するのに適切な言葉が見つからなかったら、そこは良識を働かせてメッセージを伝えないようにしましょう。こういう時は実際のメッセージではなく、歪んで伝達されたものを受け取ってしまうことがよくあるからです。

ご存知のように、質問に対する答えは正しいものも正しくないものもありません。同じ質問を複数のガイドにすると数多くの異なる答えを受け取るでしょう。そのすべてが有効でありえます。それぞれのガイドが、異なる角度から問題を見たり理解したりしたものを伝えてきます。問題の解決策は多数あり、状況の見方も多数あります。

人々の人生をうまくいくようにしたり、問題を全部解決することは、あなたの責任ではありません。問題を抱えて人がやってくる時、その人に成長する準備ができていなければガイドが何を伝えても成長しません。人生を変えることができるのは本人だけです。リーディングを受けた人のレポートをただ鵜呑みにするのではなく、あなた自身の内側の感覚とクライアントがセッションの後どのような道をたどっているかによって、リーディングの質を評価してください。ガイドの助言を活用していない人もいるでしょうし、その結果、助言の真の価値を受け取ることができないでいるかもしれません。誰しも他人の助けになりたいという欲求を持っています。問題をたくさんかかえて人々がやってくると、問題を解決する方法を見つけてあげたいと思うでしょう。しかし人によっては解決する準備ができていないので、ガイドは答え全部を与えるのではなくただ次のステップにその人を導きます。

ガイドは人々の学びのチャンスを奪いはしませんが、それについて理解する助けになってくれます。

人々がする質問にすべて答えなくても、まったく問題はありません。誰かの質問を受け、ガイドとつながったのに何も答えが返ってこなかったら、ただそのテーマについて答えがなかったと質問者に伝えてください。ガイドは答えを知っているかもしれませんが、質問者自身に答えを探してほしいのかもしれません。ガイドはその人が自分の力で学ぶチャンスを奪ったりはしません。

ガイドは個人のプライバシーを侵したりもしません。誰かについての細かい情報は、それを知らされる人が何らかの恩恵を受けられる場合や成長の助けとなる場合には教えてくれます。しかしプライバシーを侵害するようなことについては明らかにしてくれません。誰かが第三者について「自分のことをどう感じ、どう思っているか」を質問しても、ガイドは答えてくれるかもしれないし何も答えないかもしれません。あるいは、あなたの側の情報を受け取る能力とは関係なしに、ガイドはその情報を明らかにするのがふさわしくないと判断するかもしれません。

なかには情報をとても簡単に受け取ることができる人もいます。気まぐれな好奇心からくる人や、ガイドの情報を真剣に受け止め成長しようという意志のない人がくると、ガイドは表面的な答えしか与えてくれないことに気がつくでしょう。ガイドは受け取った情報の価値を認めて活用できる人には、より深遠な情報を伝えてきます。また、ガイドは質問者がどんな次元にいても答えてくれます。もしその人がスピリチュアルな道を歩み始めたばかりなら、ガイドは平易な言葉を使って基本的な原理について説明してくれるでしょう。もし上級者なら、ガイドはとても複雑な物事の性質について助言を与え指導してくれます。

❖ 質問の扱い方

オリンとダベン

人々の質問は必ずしもその人が到達できる最高次元のものでありません。彼らはガイドが問題をすべて解決してくれると思っていて、ただ何をすべきか、何が起こって何が起こらないかという答えを聞くためだけにやってきます。高次元のガイドは自立することを勧めます。ガイドは何の疑問もなく助言にただ従うよりも、人々がより満たされた気持ちで生きるために、助言を利用することを望んでいます。イエスかノーかで答えなければばならない質問に答えるのは難しいかもしれません。質問の仕方を変えたり、言い換えたりできるかどうか試してみてください。もし誰かがガイドに車を今売るべきか、もう少し待ったほうが儲かるか質問してきたら、こんなふうに言い換えてみてください、「今車を売ることで、私は何が得られますか。また売るのを待つことで何が得られますか」。質問をわずかに変えるだけで、ガイドからより高い次元の回答が得られます。質問者が良い質問ができるようにサポートしてあげてください。

サネヤ

他の人のためにより良い質問をしたい時は、あなたのガイドが一番興味を持って答えてくれそうなテーマの種類をリストにまとめておきましょう。オリンは、どんなことについて質問するとより良い答えが得られるかについて詳細なリストを一緒に協力してつくってくれました。それには人が内に秘めた信念、子供時代の条件づけ、人との関係性のなかで何を学びどんな成長の機会を通過しているか、その人が持っている技術や才能のうちどれが成長していくのか、チャネリングの能力、今生に影響を与えている過去生、今生での目的、地球での最初の転生からの魂の旅路、お金と仕事にまつわるパターン、信念、決断などといったものが含まれています。リーディングにやってくる人たちは、はじめはこのリストにあるような質問をするつもりがなくても、こうした種類の質問ができるとわかると質問したいと言います。こうして質問者たちは人生のより深遠で中心的な問題についてオリンに尋ねるようになりました。結果として、そのリーディングは人々に偉大なるシフトと変容をもたらしたのです。

オリンは質問をあらじめ用意してくるように言っています。ほとんどの人は、ただ質問を用意してそれについて考えるだけで自分自身の知恵を開くことになることに気づきます。オリンは現実的で当たり前な些細な事柄に答えることもできますが、それよりも人生の目的や魂の旅路、魂が精神的成長の道をどのようにたどるかについて答えるでしょう。オリンもダベンもまず質問の前に彼らから情報を送り、後半でその事柄について質問者と対話するスタイルを好みます。あなたのガイドが好きなやり方を見つけてください。対話を好むガイドもいれば、そうでないガイドもいるのです。

リーディングの希望者がやってきたら、その質問の答えに加えてさらに深遠な物事について答えてください。相手がそのことについて質問していなくても、ガイドにその人の人生の目的や成長の機会について語ってくれるようお願いしてみましょう。もし関係性について質問されたら、より高い角度でそれに焦点を当てられるように促してください。ある女性はオリンに自分のボーイフレンドは誠実かどうか質問しました。オリンはそれについて語るよりも、彼女に「なぜ自分が信頼していない人とデートするのですか」と質問を返しました。そして彼女の幼少時代のパターンや、関係性の問題、状況から学ぶべきことについて伝えました。そしてどうしたら彼女が持つパターンを変えることができるのか教えてくれました。オリンはボーイフレンドが誠実かどうかについては言及しませんでした。しかし、この情報を得たことで彼女は男性との関係における自分の過去のパターンを見直し、それを変えようと決心しました。一年後、彼女はその男性との関係をやめ、完全に信頼できる愛に満ちた男性と結婚しました。

オリンとダベン

「これをすべきか、それともあれをすべきか」といった質問が出されると、ガイドにはまったく出番がありません。ガイドが取る一つの方法は、起こりうる可能性のある結果について検証し、質問者が自分で選択できるようにサポートをすることです。たとえば海へ行くべきか山へ行くべきかという質問を受けたら、ガイドは両方の場所の状況について語り始めます。海岸には太陽が降り注ぎ、波は高く道路は混雑しているでしょう。山では気候が暖かで、道は部分的に濡れて、空いているでしょう。それから質問者が求めているものの本質を発見できるように導いていきます。質問者は自分が静かに物思いにふけったり自然に親しみたいことに気がつくかもしれないし、みんなと一緒に波の爽快さを楽しみたいことに気がつくかもしれません。このように情報や別の視点を与えることで、ほとんどの人は自分が何を欲していて、どんなコースを取るべきか、確かなものを見つけられるようになります。質問者はまた、将来何かを選択する時の知恵も得ることになります。ほとんどのガイドは、質問者が期待しているものをまず見せて、どちらの道を選ぶかはその人に任せるといったやり方をします。

高次元のガイドは、
より多くの選択肢を見つけられるようにサポートしてくれます。

人によっては仕事をやめて新しい職を探すべきか、自営業をすべきかといった質問をします。そういう時ガイドはどちらを選ぶべきかを答えるのではなく、それぞれの選択をした場合のライフスタイル、仕事の技能、金銭面など、質問者がより多くの情報を自分の選択について知ることができるように方向づけてくれます。ガイドはそこへさらに別の選択の可能性をも提示します。あまりにも選択肢が多すぎて選べないようなら、決断できない状況から抜け出し焦点を絞れるようにサポートしてくれます。もし質問者が「どんな仕事をすればいいですか」という質問をしても、ガイドは特定の形でそれを伝えることはありません。彼らはめったに「コンピュータ開発分野でマネージャーをすべきです」などと答えたりはしないのです。ガイドはどんな技術や才能を使いたいのか、どんな環境を好むのか、時間帯はどうか、責任の度合いはどうかなどについて質問者が自分で調べられるように促してくれます。こうすることで質問者たちは、自分が愛することができ自分を成長させてくれる仕事をみずから見つけ出すことができるのです。

ガイドは人々を正しい方向へ導き、もっと人生に喜びをもたらすにはどんなことができるか、おおまかなヒントをたくさん与えてくれます。しかしほとんど全くと言っていいほど「特別にあれをしなさい、これをしなさい」とは指示しません。むしろあなたが何のためにここにいるのか、自分で見つけるためのステップを提示します。自分でその形を見つけてください。私たちはあなたを魂との偉大なる結びつきへと導くためにいます。置かれている状況にもっと光をもたらし自信を与えますが、自分自身の真実や歩む道、一番合っている特定の状況については自分で見つけてもらうように気を配っています。

多くの人々がこう質問します、「私はここで何をすべきでしょうか？　人生の目的は何でしょうか」と。これはとても重要な質問でありテーマです。ここへやってくる理由はたくさんあります。もっと無条件に愛することを学ぶためにきているかもしれないし、愛の状態にいることを学ぶため、わざと愛のない環境を選んでいることもあります。あるいは境界線や限界について学んでいるのかもしれません。そういう人たちは、いつも自分より優れた強い人たちとの関係に引かれるのです。人々が転生してくる理由は何百とありますが、ガイドはそのうちのいくつかを示すだけでしょう。ガイドが今回の転生の「特定の」理由についてきっと教えてくれるとは思わないでください。転生の正しい理由をチャネリングできないのではないかという恐れや、間違った答えを受け取るのではないかという恐れが、ガイドとのつながりを断ち切ってしまいます。人生の目的について質問者たちが聞く準備のできている物事をガイドは心得ています。

❖ よりポジティブにリーディングするために

オリンとダベン

ときに質問者がガイドから受け取った情報に抵抗しているのを感じることがあります。もし抵抗を感じたら、あなたのほうがガイドのメッセージを正確に訳していないのかもしれません。高次元からやってくるメッセージはどれも愛と機転に満ちたものなので、抵抗を感じるということはまずありえません。マスターたちはこんなふうに教えるものです。ガイドの情報を同じ次元の愛と機転、知恵を保ちながら伝えられるようにチャレンジしましょう。明晰なチャネルになればなるほどあなた自身の思考がより高くポジティブなものになるし、リーディングもより愛情深く人々を変容へと導くものとなるでしょう。

高次元のガイドは、愛と慈悲を持って語りかけてきます。

自分の心にある憶測や思惑を反映した普段の口調や表現の癖をなくしていくことで、翻訳の正確さが増し、リーディングがポジティブな感じになります。ガイドが愛をこめてどんなふうに言葉を組み立てながら説明をしているか、十分気をつけて観察してみてください。そうすることで自分の普段の表現が、ガイドの愛に満ちた機転に彩られて「思いのままに」形作られていくでしょう。普段のあなたなら相手に「そんなにネガティブにならないでください」という言い方をするかもしれません。ガイドはそう言う代わりに、「ポジティブでいてください」と言います。質問者がそうあるべきでないものに焦点を当てるのではなく、そうであるべきものに焦点を当てるのです。

伝達がポジティブな言葉と思考によって伝えられるように、テクニックを駆使《くし》してください。他人のためにチャネリングをしている時の自分の言葉を観察してください。ガイドが何か障害となっている物事を見つけたり、あなたがネガティブな感じがすると思っていると、ガイドはそれをポジティブで愛に満ちたやり方で表現するように方向づけてくれます。障害となっている物事に働きかけることは、メッセージを受け取っている人に恩恵をもたらし成長を促進してくれます。その人が困難な時期にあるとしたら、ガイドはその人が体験していることへの同情を示し、その状況から抜け出すためにどんな良いことができるか、その状況にいることでどんな成長ができるかについて語ってくれます。そして信頼、忍耐、愛といった魂の質が進歩を遂げているということを教えてくれます。

あなたを押しとどめている障害を見つけた時、ガイドはポジティブで協力的なやり方で成長の助けとなるようにそれを明示してくれます。めったに「これは大変なことになる」とか、「あなたはあまり上手くやっていない」などとは言いません。その代わり、あなたがしている良いことをすべて指摘し、物事がいかに簡単に成し遂げられるかを示します。ガイドたちは優しく、そこから学んだり成長したりできることについてのみ話をします。あなたの注意を引くために、必要ならガイドはぶっきらぼうになることもあります。

私たちは人々が取り組む準備ができている問題について話します。聞く準備ができていることについて話します。もし人がその問題に向き合う準備ができていなかったら、それについての話は一切しません。私たちは次のステップへの到達を早め、その道を歩む助けをします。次にどんなステップを歩む可能性があるかこちらからは見えますが、その人が理解したり行動したりできる範疇《はんちゅう》を超えてあまり先のことについてアドバイスすると、かえって混乱と抵抗を強めてしまいます。

トランス状態から戻ってきた時、自分が翻訳した情報について噛みしめるというよりも、その内容が正しいかどうか不安なら単純にもう一度その翻訳をより正確で愛に満ちたやり方で行えなかったかどうか見直してみてください。やってくる人たちは、できることならどんな方法でも利用して学び成長したいと思っています。

ガイドのリーディングから人生のその時期において何をすべきかをつかみ取ろうとしています。自分はさらにチャネルを開きつづけ、成長していくのだということを忘れないでください。あなたのチャネリングに引かれてくる人たちは、今のあなたの技術レベルに完全に合った人たちなのです。

チャネラーとしてのあなたは、愛とガイダンスの根源となります。

ガイドの情報を受け取ることで人に批判されていると感じても気にしないでください。それはあなたにとって批判やネガティブなものに直面してもオープンでいるための試練です。別にテストされているわけではありません。ネガティブな人たちのためにチャネリングしていると感じたら、彼らに光と愛を差し出してください。中心を保ち、自分の力と共にいてください。その人たちに疑いや恐れがあるからといって、あなたが疑いや恐れを抱く必要はありません。彼らの反応は、もっと愛が欲しいという思いの一つの表現なのです。もっと信じたいからこそ、あなたの愛を試すことがよくあります。その疑いは彼らの疑いの声そのものです。自分を防御しなければならないと思うのではなく、彼らに愛を放射して、疑問を抱く自由を認めてください。

サネヤ

オリンがやってくる時、私の現実への視野全体が変わることがよくあります。私はとてつもなく大きな愛と人々への思いやりを感じます。オリンの目を通して見ていると、みんな素晴らしく見えます。彼の目には人々はユニークで美しく完全な神の創造物として映っています。どの人もできる限り力をつくしてワークをし、できる限り早く成長しようとしているように見えます。オリンの目から見るとすべてがポジティブに見えます。オリンがやっている仕事の一つに、物事を組み立て直すことがあります。人が困難なことや苦痛を体験している時に、それが何か良い結果をもたらすために起こる必要があったということをわかるように示してくれます。困難で大変な時期を通過している人のことを気遣いながらも、一貫して人生のより大きな構図を見せてくれます。そこから何を学んでいるのか、その体験を通り抜けることでいかに強くなり進化することができるのかを説いてくれます。説明が終わると、人々は今自分に起こっていることにより良い感情を持てるようになります。困難な体験をより早く通過するための道具を手に入れたのですから。オリンは宇宙は安全で友情に満ち、より高い善に永遠につながっているということをいつも確信させてくれます。

❖リーディングのスタイルを確立する

オリンとダベン

どのガイドにもそれぞれ個性があります。ガイドにはそれぞれ好きな分野があり、得意なものがあります。もしあなたのガイドがある特定のことを好まない、あるいはできないなら、あなたがそのレベルの技術をまだ開発していないか、ガイドが別の方向へあなたを導こうとしているのかもしれません。特定のことができないからといって自分のチャネリング能力を無価値だなどと思わないでください。ほとんどのチャネラーが気づいていることですが、ガイドたちとのつながりが強くなるにつれてチャネリングの技術もさらに開花し成長していきます。

人のためにチャネリングすることで、基礎レベルでその人の生命エネルギーに影響を与えることができます。

オリン

あなたのガイドは、リーディングのための体系を築き上げようとしているのかもしれません。他の人々の教えや私の解説から、サネヤはチャクラについて学びました。私はこの体系を時々使い、地上への輪廻転生から始まり、魂の一般的なパターンとその興味の対象、なぜこの人生を選んだのかについて解説しました。サネヤの能力は、私とワークしながら数年かけて開花していきました。そのために彼女は体により強い磁力的エネルギーの流れを通し、より多様な幅の波動を受け入れる必要がありました。

デュエンは様々な種類の基本的ボディワークのテクニックを身につけ、様々な思想の体系を学びました。彼はそれらの体系を使ってエネルギー・ワークを行い、それを超える新しいものが出てくるとそれを使うといったふうでした。デュエンが体の周りの「密度のパターン」を見始めた時、それがエネルギーの領域である感情体、思考体だと気づきました。すべてが調和した時、スピリチュアルなきらめきとして目に見えるようになります。筋肉など肉体構造を「見る」ようになり、特定の痛みを止めるのにどこを触って何をすればいいのか「わかる」ようになりました。それは、過去生や今生のトラウマを解放し、エネルギー体（肉体、感情体、思考体）のパターンをより高いスピリチュアルなものに組み直すというものでした。他の人からのテレパシーによるエネルギーのコードが、体やエネルギーの領域で見えるようになり、取り除けることを発見しました。この方法は、ほとんど瞬時にして人の人生を変えてしまいました。ダベンは様々な体系を学び、使っていくことから始め、次第にそれを進化させてその形を超えた独自の方法に仕上げたのです。チャネラーでボディワークの生徒たちの何人かは、デュエンとダベンや彼らのガイドとのワークを通じてエネルギーのパターンが見えるようになり、同じような結果を得ています。この新たな体系は、人々の助けとなるより広範囲の方法をデュエン自身やみなさんに指し示すものとなりました。

サネヤとデュエン

他人のリーディングを行うためのこうしたガイドラインや助言は、オリンとダベンがどんなふうにリーディングをするかという私たちの体験に基づいています。ここでは、あなたがガイドたちの思考を学ぶための概念や構造を示しています。良いリーディングができるようになるために、かならずしもこのガイドラインや構成に従う必要はありません。ガイドの質問への取り組み方に関するこれらの概念はあなたが始めやすいようにするためのものですが、ガイドの質問への答え方を限定しているわけではありません。試行錯誤し、まず何よりも自分のガイドを信頼してください。

オリンとダベンの方法*3

相手にチューニングする

●目標

他の人のためにチャネリングする。

●準備

他の人のチャネリングは、言葉でガイドをチャネリングできるようになってから始めましょう。こうしたことに理解があり協力的で、ガイドのリーディングを受けたり、会ってみたいという友だちを見つけてください。テープレコーダーに何も録音されていないテープをセットしておいてください。必要に応じて特別な音楽をかけてください。楽なポジションを取ってください。始めのうちはリーディングする相手と直接向き合ったほうがやりやすいでしょう。椅子でも床でも、自分にとって一番いい感じのする場所に座ってください。

●手順

……ステップ1

体がリラックスするように深い呼吸を始めてください。必要に応じて体の周りに白い光があるとイメージしてください。二人の間にできる限り高い次元の癒しが起こるか、もしくはできる限り高い次元の光が注ぐようにお願いしてください。

……ステップ2

目を閉じてトランス状態に入り、ガイドを呼んでください。時間を十分に取ってください。ガイドが相手の人に注いでいる思いやりを感じてください。あなたに準備ができると、ガイドは相手に挨拶をしてくるでしょう。ガイドの個性や声の変化、癖、ジェスチャーの表現が出てくるのにまかせてください。ガイドは挨拶の標準的な形をつくっていくでしょう。オリンは「ご挨拶します！」と言い、ダベンは「ようこそ！」と言います。ほとんどのガイドは、自分がそこにきていると知らせるようなやり方で挨拶します。

……ステップ3

相手からガイドに一つ質問するように言ってもらいましょう。特にチャネリングを学び始めたばかりの段階では、「私はこの人、もしくはこの状況から何を学んでいるのでしょうか」、または「精神的に成長し、人生にもっと光をもたらすにはどうしたらよいでしょうか」といった質問から始めるといいでしょう。ガイドはよく考え抜かれた質問や、物事の背景を理解するための質問には喜んで協力します。もしよければガイドが質問者と相互にやりとりをして、質問者が何を知りたいのか自分ではっきりさせられるように助けてあげるといいでしょう。

……ステップ4

ガイドからの答えが流れ出るのにまかせてください。受け取る情報が、普通でない意外性のあるものばかりであることを期待しないでください。この高次元の光のなかにいる間は、もっとも有効で深遠な情報が目立つことでしょう。チャネリングを聞きにやってくる人たちは、みんなあなたの言葉に引きつけられるでしょう。ガイドが相手のどこに焦点を当て、何を話すべきか判断するのにまかせてください。その情報はあなたにとって意味のないものかもしれません。ガイドがそこで話されるべき完璧な言葉を知っているのだと信じてください。ガイドはその人の人生のより大きな構図を知っているからです。

……ステップ5

次の質問に進みましょう。ガイドによっては、チャネリングのセッションの始めに相手が質問を全部出してしまうのを好みます。対話を好むガイドもいます。あなたとガイドにとって一番良い方法を選んでください。トランス状態はあなたが何にチューニングしているか、どんな情報を求めているかによって大きく左右されます。同じ人が相手でも、チャネリングするたびにトランス状態が微妙に変化していくのがわかるでしょう。対象となる相手によって、チャネリングしやすい人がいるのに気づくこともあるでしょう。

……ステップ6

最初は短時間のチャネリングをして、だんだん長くしていくとやりやすいかもしれません。もし疲れたり、ガイドとのつながりが弱まったと感じたり、答えられる限りの質問には答えたと感じたらリーディングを終わらせてください。多くのガイドたちが、チャネリングを終える時の決まった流れを持っています。あなたも自分のガイドとの間に、その流れをつくるといいでしょう。オリンの場合は「それでは、良い一日をお過ごしください」と言います。ダベンは「またこの領域へ戻ってきた時には歓迎します」と言います。

9章　予知と未来の可能性

❖ガイドの予知の扱い方

オリンとダベン

もし本当にチャネリングしているなら、未来を予知できるはずだと思うかもしれません。予知をしないガイドはたくさんいます。未来の予想はたぶんそうなるだろうというだけで、実際に起こることはあなたの思考、信念、無意識の条件づけに大きく左右されます。自分の信念を手放したり目標を変えたり違う期待を抱き始めたりすると、未来も自動的に変わります。私たちは起こると思われる未来について語るよりも、より良い未来がつくれるようにサポートします。

予知を依頼された時、私たちのほうではそれをより良い未来をつくり出すためにその人を助けることだと解釈します。人はある物事が起こるか起こらないか予知してほしいと頼んでくる時、それが起こらないのではないかという恐れを抱いています。「お金を儲けられるでしょうか」という質問を受けたら、多くのガイドはイエスかノーかを答えるのではなく、どうしたらお金を儲けられるかわかるように導きます。自分自身の可能性についてのより高いヴィジョンを持てるようにガイドすることで、彼らが予想していた以上の結果をもたらすことができます。みずからの真実に目覚めるようにサポートし、自分が欲しいものを実現するために、古いやり方や思いこみを手放せるようにサポートします。

自分が欲しいものは、何でもつくり出すことができます。未来は前もって決められているのではありません。

質問者が「自分に合った仕事に就けるでしょうか」と聞いてきたら、その人は無力で何かが起こるのをじっと待つしかないのだとわかります。未来についての質問は、しばしばその質問者が人生を自分で切り開く能力があると信じていないことを表しています。私たちはガイドとして、質問者が求めているものを実現するために自分の力で何ができるかを見つけられるようサポートします。仕事を見つけることに関しては、その仕事をすでにやっているところを視覚化する方法を勧めています。仕事の面接者とハートをつなぐようにアドバイスします。あるいは、ただ自分をゆだねて一番良いことが起こることを信頼するようにアドバイスします。もしある特定の仕事に就けなかったとしても、それはもっといい仕事が待っているからだと告げます。

ひとりの男性とつき合い始めたばかりの女性がやってきて「この人と結婚しますか」とか「このおつき合いは続きますか」と質問してきたら、その人があれこれ強い期待を抱いていることがはっきり見てとれるでしょう。でも、こちらのほうでは人生のその時点で、起こる可能性のある未来について語るのは害になると判断するかもしれません。知ることでその人は体験から学ぶことをしなくなってしまうからです。彼との関係が終わると告げたら、そのことが抵抗を生み出して自然に終わる時期よりも長く続いてしまうかもしれません。あるいは本来終わるよりも早く終わってしまうかもしれません。またしてもその人は学びから遠ざかってしまうことになります。私たちは成長の防げとなるようなアドバイスを与えないように注意しています。学びの機会をより簡単に、早く通過できるように助けたいと思っています。このケースでは、その女性が学ぶべきことについて、またワークすべき関係性のパターンについて語り、関係性のより高い目的を見つけられるようにサポートします。しかし未来の関係性について語ることはしません。彼女が学ぶべきことが、特に自分の判断を信頼することだったり、人から自分へ向けられた愛を信頼することだとしたら余計にそうです。こちらでは彼女が自己愛、信頼といった魂の質を高めようとしていることを告げます。

その女性が彼との関係が続かないのではないかと心配しているとしたら、どうしたら続くようにできるか理解するのを助け、実現するために何をすべきかを指摘します。どうしたらその結びつきを豊かなものにできるか、手のなかにあるものから最良のものを得るにはどうしたらいいかを伝えます。すると彼女は、その関係が本当に価値のあるものか判断する必要が出てくるでしょう。何かにしがみつくことで理想を妥協したり、あまり楽しくない人生を生きていることがよくあります。私たちは選択すべき道をより明確に見分けられるようにし、どちらの道が自分にとって正しいか決断できるようにサポートします。

高次元のガイドたちは、これから起こることについて語る時とても慎重です。予知を求められても、それに答える義務があるとは思わないでください。物事はあれやこれやの結果が出るように運命づけられているわけではないのですから。

サネヤ

オリンをチャネリングし始めたころ、予知はまったくありませんでした。ガイドはみな予知をするものだと思っていたのでとても失望しました。オリンは「私はスピリチュアルなガイドであり占い師ではありません。その二つは世界が違う」といつも言っていました。彼は人々がどんな状態にあるのかわかると言いましたが、未来のことや何をしたらいいかといったことにだけ興味を持つ人がリーディングにくるのを望みませんでした。ときにはその人が未来の成長した姿について話すこともあります。その人がハートを開いていることや、次に学ぶべきことがコミュニケーションや関係性に関わることだと告げることもあるでしょう。でもそれは、そうしたことを知ることが現在のその人にとって役立つ時だけです。

チャネリングを始めて何年か経ち、オリンは私に未来のことや起こりうる事実について教えたいと言いました。数カ月間色々なことについて予知しましたが、それは本当に起こりました。何度か新聞の見出しと日付をそのまま伝えてきましたが、実際にその事が起こる数カ月も前のことでした。予知はすべて世間一般に知られた出来事についてのものでした。すべての出来事は、当事者となる人々のなかですでに準備され視覚化され計画されており、オリンはただ一般大衆の思考や起こる可能性のある結果を読んでいるだけだと言っていました。

よりスケールの大きな出来事のほうが、大衆の意識にあらかじめ何カ月も前からエネルギーの流れとしてあるので予知しやすいのだそうです。出来事に占める精神的な要因となる大衆の意識の一致やそれに関わる人々の数の多さが、出来事が現実化することに歯止めをかけたり変化させるのを困難にします。一人の人間は簡単に思考を変えることができるので未来を変えることも簡単ですが、たくさんの人々に影響を与えるような出来事をたった一人の思考を変化させることで変えてしまうことは普通はありえません。このような背景があるために、大きな社会的出来事が起こりやすくなります。オリンはまた人々が夢を通じてつながることが可能であり、もし未来の出来事を変えたいという十分な意識の一致があれば、それを変えることもできると言っています。伝えたい話の主旨を語り終えると、オリンはこの種の情報を語らなくなりました。そうするのが適切な時はオリンは起こりうる未来を見てくれますが、それは私自身のスピリチュアルな道や、質問者のスピリチュアルな道のために役立つ時だけです。

❖ガイドはどのように未来を見るのでしょう

オリンとダベン

未来は与えられるものではありません。世界は自由意志で動いています。もし人の未来の可能性についてリーディングしたいなら、それについて話ができるかどうかガイドに尋ねてください。その前に、自分の内側でそれを行うのが正しいことを確認してください。これを確かめることは重要です。もし正しい感じがしなかったら、ガイドから助言を受け取ることに葛藤があるなら、あるいは何も助言を受け取ることができなかったら、特定の未来の可能性について話をするのはやめてください。質問に答えられなくてもかまいません。ただこう言ってください、「その質問について、ガイドは何も答えませんでした」と。予知することによって人々が学びのチャンスを失ったら、同じことを学ぶために別の状況をつくり出さなければならないでしょう。ある人々は、同じ状況を何度も何度もつくり出し、みずからにとってある主要な学びを得ようとしています。関係性を次から次へと乗り換えていく人たちがいますが、そういう人たちは正しい相手と出会うことができればすべてはうまくいくと思っています。そしてさんざん努力した後に、はじめて外側を見るよりも内側を変える必要があることに気づくのです。

オリン

サネヤを通じて最初のガイダンスを送っていた頃、二人の人物の関係がどんどん豊かになっていくか、それとも続かないかを見分けることができました。私はサネヤにそういうことについて話をしてもいいかどうか、フィーリングでサインを送ることができました。それを話していけない場合は、メッセージを質問者に伝えませんでした。私のほうでその情報を取り除き彼女にわからないようにしたからです。そして未来の可能性を十分に見ることができないようにしました。すると彼女はそれについて見たことを「忘れ」、それとは別のことをチャネリングしました。

自分が変われば、未来も変わります。

オリンとダベン

ガイドたちの現実の仕組みのなかでは、時間はすべて同時に起こります。こちらの世界はあなたの住んでいる直線的時間と空間構造の外にあります。私たちはワークの全体を見ていますが、あなたのほうからは少しずつしか見ることができません。それはあらかじめ定められているものではありません。あなたが一歩進むたび、決断を下すたびに、それを未来のあらゆる方向へ投影することができます。それは完結した行動であり、あらゆる可能性を模索することなのです。このように全体を見渡しているので、あなたは自分の選択の結果を見ることができるようになり、適切な道を見つけるサポートとなるのです。

未来は二通りの見方をすることができます。一つはあなたがつくろうと意図しているものを含んでいます。もう一つは、そこへ行くために踏まなければならないステップを含んでいます。物事のタイミングを予測するのはとても難しいものです。何が起こるか起こらないかを予測するほうがより簡単です。何かに強い願望を抱いていていたり手に入れようとしていたら、それを求める気持ちが変わらない限り次第に実現していくでしょう。私たちにはあなたがどれくらい強い意図を持っているかが見て取れます。そこへ到達するために踏むステップ、その願望がどれくらい明確なものかといった性質を見ることができます。だからあなたが何かを手に入れることができるかどうかを、とても正確に映し出すことができるのです。行動するかしないかによって進歩は加速もすれば遅れもします。何かを得るためにはステップを踏んでいく必要があります。特定のステップを踏み出すのがどこかで遅れれば、そこへ到達するまでにより長い時間がかかります。何かを手に入れるであろうことを予測することはできますが、あなたの取る行動が様々なので願望がいつ成就するかを正確に知るのは難しいのです。

長いスケールで見た未来はさらに変化の可能性が高く、予知するのが難しいものです。未来へ進めば進むほど可能性の選択肢が増えるからです。今よりも未来のほうが選択できる道の数が増えるからです。決断の一つひとつが最終的な結果を変えていきます。よく予測できる物事について見ていくことがありますが、それは気象予報士と似たようなものです。たとえばあなたが希望している昇給に八十パーセント実現のチャンスがあると見たとします。それはあなたの意向、願望、そして上司との関係によります。仕事をやめてしまう可能性が十パーセントあり、少しそのことも考慮に入っているのが見えるでしょう。さらに他の要因もからんでいるので、昇給しない可能性も十パーセントあるのが見えるでしょう。あなたはいつでもその十パーセントの可能性を活性化させて、仕事をやめてしまうこともありえます。予知は何かすでに起こっていることを基盤になされます。瞬間瞬間に、あなたは自由意志を使いながら望む方向へと向かって行きます。ときにはある未来へ向かおうとするその人の動きが強すぎるために、道を変更するのに大きな反動が起こることもあります。それでも道は成し遂げられる可能性があります。未来は変えることができます。一パーセントしか可能性がなくても、いつでもそれは起こりうるのです。

未来へ進めば進むほど、あなたは形よりもそのエッセンスとなるものを見るようになります。満足できる仕事をしたいという願望があるでしょう。満足できる仕事にまつわる思考は、そのエッセンスとなる何かにまつわる思考なのです。どんな形で仕事をするかや仕事の肩書きなど、実際に描かれる状態を予知するのは難易度が高いものです。どんな形で願望が実現するかを予知するよりも、たとえば満足できる仕事といったようにエッセンスとしてあなたが受け取るものを予知するほうがより正確です。

未来はあなたが何をつくり出そうとしているかによって決まります。

たとえば「いつソウルメイトに会えますか。夫や妻に会えますか」と質問すると、ガイドの多くは近い将来あなたの前に誰がやってくるのか、あなたが納得できる程度に正確に答えてくれるでしょう。その出会いがあなたの意向によるものかどうか、やってきている男性もしくは女性の魂やエネルギーについて普通は答えることができます。しかし、あなたのほうが突然とてつもなく大きな成長のサイクルに入ってしまうことがあります。習慣や好みが変わってしまい、波動も変わってしまうかもしれません。こういうことがあると、違うタイプの人と調和できるようになります。違うタイプの人を引きつけるようになるかもしれないし、もともとくるはずだった人との間でまったく違う体験をするかもしれません。

あなたが出会う人たちは、ほとんど実際に出会う前にエネルギーの次元で接触してきています。だからその人がすでにエネルギーの次元であなたの領域に入ってきていたら、その人がどれくらいでやってくるかを比較的正確に言うことができます。もちろんそれを言うのが適切な場合にだけ告げるのですが。こうした出会いは、その人があなたのエネルギー領域に入ってきてから一週間程度で実現されます。自分でそれに気づいていることもよくあります。そういう人はこう言います、「もうすぐ誰か特別な人と出会いそうな気がします。ただ、そう感じるんです」と。

長い関係性が始まる前に、何年も時間がかかる時があります。私たちには、それよりも短い関係が始まろうとしているのが見えます。そういう時、この短い関係性がソウルメイトとの出会いではないことをあらかじめ告げてしまったら、成長の機会を奪ってしまうことになるでしょう。むしろ今何を学んでいるか、どうしたらもっと愛に満ちていられるかを伝えるほうが、その関係性が永遠に続くものか、その人がソウルメイトかどうかを告げるよりも成長の助けとなるでしょう。

ガイドはあなたの思考や感情を見て、そこからどんな出来事に遭遇しようとしているのかを告げることができます。ときには望みもしないような、思いもしないような、自分で原因をつくった覚えのまったくない出来事に遭遇することがあります。でも考え直してみてください。この世界は原因と結果に基づいています。もしいつも自分は力がなく犠牲者だと思っていたら、本当に犠牲になってしまいます。もしいつも自分はなんて幸運なんだろうと思っていたら、「幸運」な出来事にたくさん遭遇するでしょう。このように自分の信じている出来事を引きつけるのです。私たちにはあなたらしさをつくり上げているエネルギー、思考、感情を見ることができます。それに基づいて、あなたが引きつけるであろう出来事を言うことができます。ここにもまた確実性はありません。あなたは人生やある特定の状況を変えようと決意し、犠牲者としての視点を変えるかもしれません。このことが未来の進路を変えていきます。

予知に関するどんな質問にも、スピリチュアルなやり方で答えられます。新しい冒険で何が起こるかではなく、成功できるかどうかを誰かが尋ねると、ガイドはその冒険を成功に導くための指針を与えるでしょう。「結婚するでしょうか。結婚生活を続けられるでしょうか」と誰かが質問すると、ガイドはイエスかノーかを答えるよりも、どうしたら望んでいるような愛にあふれた関係性をつくり出すことができるか理解できるようサポートしてくれます。未来に関するどんな質問も、どうしたらその未来をつくることができるかについてのアドバイスに転換することができます。ガイドが質問者の望む未来をつくるサポートをするチャンスに焦点を向け始めると、人々をよりパワフルにするために貢献することになります。あなたもまたガイドと共に、他の人々が人生を変容させるためにサポートする能力を向上させることになります。

自分自身の未来の可能性を見る

●目標

未来に旅して、現在のためにガイダンスを受け取る。

●準備

ガイドのメッセージを言葉で受け取ることができるようになってから、この過程を行ってください。テープレコーダーの準備をしてください。楽な姿勢で座り、リラックスしてください。どれくらい先の未来について見たいか決めてください。六カ月から一年以内が最適です。

●手順

ステップ1

トランス状態に入り、ガイドとつながってください。自分が一番望んでいる未来についてシンボルを一つイメージしてください。それが、来年のあなたのもっとも偉大なる光の道を表すようなものにします。そのシンボルを未来に向かって「投げこんで」ください。それが、どうしたらその目的地に辿り着けるかについての情報を伝えているとイメージしてください。テープレコーダーをオンにしてください。

……ステップ2

今が一週間後だとイメージしてください。ガイドに光をかかげてもらい、あなたが未来を見る能力を強めてもらいましょう。心のなかでカレンダーを見て、その日付にしるしをつけます。あらゆるフィーリングや思考が起こるにまかせます。心のなかにどんな問題がありますか。新しくどんなことを計画したり、実行しようと思っていますか。しばらくイメージがやってくるのにまかせ、それをテープに録音しましょう。それからイメージを溶かし去りましょう。

……ステップ3

今から一カ月後をイメージしてください。また心のなかでカレンダーを見て、その日付にしるしをつけます。その日に関連のあるフィーリング、イメージ、思考が、意識に入ってくるのにまかせてください。あなたは何をし、考え、計画していますか。現在の自分との違いに注目し、一番望んでいる未来の姿はどのようなものかを見てください。おそらく未来の自分のエネルギーを現在の自分の周りにもたらすと、光がさらに増していくのが見えるでしょう。感じ取ったものを録音してください。では、これらのイメージを溶かし去ってください。

……ステップ4

今から三カ月後をイメージしてください。カレンダーを見て、その日付にしるしをつけてください。今日から三カ月後、自分が何をしたいと考えていて、どんなことを感じているかを見てください。

……ステップ5

同じ手順で、今日から六カ月後を見てください。では、自分が選んだ未来について順次行ってください。今日から九カ月後、そして一年後、さらにもっと未来へ。現在の自分をふり返りながら、未来の自分がガイドの洞察にサポートされながら現在の自分に助言を与えているとイメージしてください。人生のなかでの何らかの問題を見て、この高次元で、賢く、すべてを見渡せる視点から自分自身に助言を与えてください。

……ステップ6

未来のこの地点からのフィーリングやイメージの光のなかで、ガイドに直接質問したいことがあるでしょう。質問するためのヒントをいくつかあげましょう。

A　自分にとって可能な限り高い道を歩むために、人生の今この地点でできる選択や決断はどのようなものでしょうか。

B　光の道を歩んでいくのに、明日、来週、来月、どんな行動、思考、ふるまいをしたら良いでしょうか。

……ステップ7

終わったらガイドに感謝してトランス状態から戻ってきてください。

●チェック・ポイント

この方法をやった人はみな、とてもパワフルな効果を体験しています。定期的にやってみたくなるかもしれません。これをやると、自分の人生をより長い観点から見て、ガイドの視野に近くなっていることに気づくでしょう。時々ノートや記録したものを見るようにしてください。その成果や成長を見てびっくりするでしょう。

❖自分のためにチャネリングする

サネヤとデュエン

自分のことをリーディングするのが得意な人もいれば、そうでない人もいます。感情的な思い入れが少ないか、まったくないテーマから始めたほうがやりやすいこともあります。ある特定の結果を得るために自分が力を尽くしてきた場合、受け取る回答に納得がいかないことがあるからです。次の「自分自身のリーディングする」に記されている質問は、自分のためのガイダンスを受け取れるようオリンとダベンによってつくられたものです。

サネヤ

自分のリーディングを始めるまでに、私の場合は数年かかりました。このためにはとても高い次元で、自己を客観的に冷静に見る能力が必要でした。もし受け取った答えが自分の強い感情的反応を引き起こすものだとしたら、ガイドとのつながりが失われてしまいます。また人生における特定の細かな事柄についての情報を得るようになるまでにも数年かかりました。オリンにとって、始めは私の人生についての一般的な概念について伝達するほうが容易だったようです。最初の頃、私が細かいことについてチャネリングすると、そのことに巻きこまれてしまいガイドとのつながりを失ってしまいがちでした。しっかりと明晰なつながりを保ちつつ、ガイドのアドバイスを十分冷静に受け止められるようになるまでに数年を費やしました。

オリンとダベンの方法＊5

自分自身のリーディングをする

●目標

自分の個人的なことについて質問の答えを受け取る。

●準備

ガイドのメッセージを言葉で受け取ることができるようになってから、このエクササイズを行ってください。テープレコーダーなどの録音機材を用意しておいてください。

あらかじめガイドへの質問を用意しておくといいでしょう。その同じ問題について、自分がすでに出している答えとガイドが告げることを比べてみましょう。一週間分の質問をメモしておいて、いざチャネリングを始めようとして座った時に、良質でよく練られた質問ができるようにしている人たちもいます。

●手順

……ステップ1

トランス状態に入りガイドとつながってください。テープレコーダーをオンにしてください。

……ステップ2

質問をして答えを録音してください。それが驚くようなものだったり予想外のものでも、情報が流れてくるのにまかせてください。

＊ガイドに尋ねてみたい質問

A　今後六カ月間、私の高次元の目的を反映したもっとも重要な物事で、焦点を当てていくべきものを一つ教えてください。また、その次に重要な物事は何かを教えてください。

B　現在の人生における自分の状況をよく考えてみてください。ガイドに「この状況から自分は何を学んでいるのですか。それは私の精神的な進化にどう貢献するのですか」と質問してください。

C　どうしたらもっと良いチャネラーになれるでしょうか。あなたや自分の魂ともっと近くつながるために、肉体的、感情的、心理的、精神的にどのようなことをすれば良いでしょうか。

……ステップ3

準備ができたら、ガイドに感謝してトランス状態から完全に戻ってきてください。

■チェック・ポイント

自分の個人的なことについて答えを受け取るのが困難なら、練習を続けてください。その状況に対する感情や先入観がとても強い場合、ガイドはその強い感情に入りこむことが困難になってしまいます。また、ガイドから受け取る答えを自分ですでに想像してしまっていると、それが自分が話しているかガイドが話しているか疑う気持ちが起こってくるでしょう。多くの人々が、他人のことよりも自分のことについてチャネリングするほうが困難だと気づいています。人によっては自分自身についてチャネリングするほうが簡単で、他の人のことをチャネリングするのは難しいこともあります。これは個人的な体験です。忍耐強く試み続けてください。

第Ⅲ部 † チャネリング体験談

10章　私たちのチャネリング体験談

❖ オリンの最初の出現

サネヤ

よくオリンとの最初の出会いはどうだったか、質問されることがあります。また、あらかじめ自分がチャネリングできるとわかっていたかどうか質問されます。ベティ・ベサーズという女性のリーディングを受けるまで、私は自分が本当にチャネラーになるとは思っていませんでした。彼女は「あなたが二十代のなかばになる頃にはチャネラーになっていて、それがライフワークになります」と告げました。リーディングを受けた当時は十八才で大学に入学するところでした。チャネラーになることはとても素晴らしく思えましたが、可能性としてはとても低いような気がしました。チャネラーになることについて少しは考えてみましたが、他の夢と一緒に片付けてしまっていました。

大学を卒業すると、生計を立てるための現実的な事柄に巻きこまれていきました。オフィスワークを数年勤め、その後自分で小規模ながらマーケティング・コンサルタントの仕事を始めました。ビジネスの世界は好きでしたが、何かが欠けているように感じていました。その頃ジェーン・ロバーツがセスの本を何冊か出していて、それを読んでとても感銘を受けました。友人たちと集まって、セスの本について議論することを始めました。そしてガイドとつながるためにウィジャ・ボードを手に入れました。メッセージはすぐにやってきて、私たちはできるだけ高い次元のガイドとつながれるようにお願いしました。セスのようなガイドとつながりたかったのです。

このようにして一九七七年、私ははじめてオリンに出会いました。オリンはウィジャ・ボードを通じてやってきて、自分がマスターであることを告げました。そして、私が成長してより多くを受け取れるようになれば、みんながより多くを聞くことができるようになると言いました。オリンからメッセージを受け取っているのは私だとはっきりしていたので、一人の友人が私のパートナーになり、もう一人が記録を取る役割をしました。週一回オリンからのガイダンスを受け取り、さらにダンという別のガイドからもより多くの情報を受け取れるようになりました。ダンはオリンよりも頻繁にやってきました。多くの友人がセッションにやってきて、記録は二百ページ以上になりました。

その年の後半、私は車の事故に遭いました。私の乗ったフォルクス・ワーゲンの前に車が突っこんできたので、急ブレーキをかけたらロックされてしまいました。高速道路に車がひっくり返っていく時、時間はゆっくりになって別の次元への戸口が開いていくかのようでした。未来を見て、自分が無事であることを知っていました。車が右側を上にして止まった時、内側でのシフトに気づいたのです。その晩からウィジャ・ボードを捨て、直接言葉によるチャネリングを始めました。

口頭でチャネリングすることに最初はとまどいを覚えました。何も起こらないか、メッセージが意味のないものに終わってしまうことを恐れていました。たくさんの友人たちがそこにいて、始まるのを期待して見守っていました。私は目を閉じて、ウィジャ・ボードを通じてメッセージを受け取った時と同じように「耳をすませ」ました。最初私が受け取ったメッセージは、再生の早すぎるテープレコーダーのようでした。話す余裕もなく、概念が意識に浮かんでは通り過ぎていきました。もっとゆっくり言葉を送るようにお願いしました。すると言葉があまりにもゆっくりやってきたので、マインドが話のつながりを見失ってしまうほどになってしまいました。それでも私は一貫性を持った意義のあるメッセージを伝え続け、その晩は興奮に満ち、チャネリングは成功に終わりました。

このプロセスが何週間にも及んだ後、ついには情報がやってくるスピードとそれを受け取る能力が同じになりました。心のなかのイメージがとても生き生きとした豊かなものだったので、言葉は体験のエッセンスの影のようでした。メッセージがチャネリングしやすいかどうかは、私が伝えようとしていることにどれくらいエネルギーがあり、確信と信頼を持って伝えたいと思っているかによって左右されました。最初の数語に注目し、それがウィジャ・ボードを通じてやってきているとイメージすることで、チャネリングにうまく移行していくことができました。始めの数語さえ受け取ってしまえば、残りのメッセージは流れるように出てきました。友人に変に思われると嫌だったので、自分の声で話すようにしていました。自分を通じて語りかけてきて、ダンのものである身ぶり手ぶりや声を抑えていました。ダンは、私がオリンのより高い波動を直接受け取れるようになるまで中継ぎをしてくれると言いました。オリンは「あなたは二十ボルトしか流れない電線なのに、こちらは五十ボルトくらいの電流なのです」と説明してくれました。

私は自分の意識がほんの一瞬でもどこかへさまようようなことがあるとメッセージを見失い、それを再び見出すために集中し直さなくてはならないことに気づきました。チャネリングするには、途方もない集中力がいります。それはまるで安定した揺らぎのない思考をマインドのなかで保つことのできるテレビのチャネルを探すようなものでした。しばらく経って、ダンの思考の流れと別に自分の思考を感じることができるようになりました。誰かに説明をしながら、心のなかでダンに質問をしました。すると人のためにメッセージをチャネリングしている最中でも、ダンの答えを感じ取ることができました。

オリンとはなおもウィジャ・ボードを通じてチャネリングし、オリンをチャネリングするためにどう波動を高めていくか告げてきました。はじめてオリンを通そうとした時は、あと少しで気を失うところでした。頭のてっぺんからつま先まで膨らんでスポンジのようになり、自分が部屋よりも大きくなったように感じたのです。それでもエネルギーのなかに包まれていて、胸が圧迫されるような感覚があり、力と愛を感じました。光と色に対する感覚が変わりました。私はオリンを口頭でチャネリングするのをやめ、体調を整えるようにという彼のアドバイスに従い、家の裏の樹々に覆われた丘でランニングを始めました。

劇的な変化は、新しいテープレコーダーを買ってテープをつくろうとその前に座った時にやってきました。

私はとても深いトランス状態に入り、テープに録音しました。録音したものを再生している時、はじめてオリンを口頭でチャネリングしたとわかりました。録音の内容は、私自身がオリンとのつながりを強化し、より良いチャネラーとなるためのガイド瞑想でした。オリンはチャネリングについて、多くを教えてくれました。メトロノームを使って心臓の鼓動と同じ速さでチャネリングしたり、違ったスピードでチャネリングする練習法を勧めてくれました。呼吸のワークや、焦点を絞り集中するためのエクササイズなど、たくさんのことを練習させられました。この頃ダンが「私の役割は達成されました。これからはオリンに交代します」と言い、去って行きました。

それからの三年間は、リーディングをして色々な人々と対話することに費やされました。今にして思えば、あの頃は練習に次ぐ練習の日々でした。明晰なチャネリングをし、メッセージを正確に伝える能力が向上しました。メッセージの内容はためになり正確だったので、人々がより良い人生を生きていくために役立ちました。まだフルタイムの仕事もしていましたが、少しでも空いている時間があるとオリンと歩む道に捧げました。オリンと共にチャネリングをするのはとても楽しかったので、他のどんなことよりもそちらを選びました。私はオリンをとても賢く、愛に満ちた存在として体験していました。彼は私とはまったく違った世界の見方をしていました。精神的な成長を遂げキリスト意識に達することが私にとってより重要になっていきました。オリンは私の教師となり、より高次元の意識へと導きました。そして私がみずからの知恵に目覚め、より愛のフィーリングに満ち、大きな平和と共にあることができるように導いてくれたのです。

一九八二年、デュエンとはじめて出会ったのは、彼が私のオリンのリーディングにきた時のことでした。デュエンは共通の友人からオリンについて知り、自分の人生について知りたいと強く思っていました。彼は何年も地質学・地理学の研究にたずさわっており、博士号を持っていました。彼は世界中を旅して地震の多い地域でのダム開発や、石油の採掘に関わっている企業のコンサルタントをしていました。夜は彼自身が編み出したボディワークのテクニックを教えたりヒーリングをしたりしていました。しかし、その状況で仕事を続けていくべきかどうか迷っていました。独立してコンサルタントの仕事を始めるべきか、人を教えたりボディワークの上達にすべての時間を割くべきか、あるいは地球上のいろいろな場所を探し歩いて、パワー・スポット（強いエネルギーを持つ場所）に関する記事を書いたほうが良いのかという選択肢がありました。

オリンはデュエンに、自分の内側からのメッセージに従って新しいことに挑戦するように勧めました。リーディングは人生の目的と目の前にあるたくさんのチャンスのなかから、どのようにして自分がなすべきことを見つけるかについてでした。リーディングの後、私はある新しいエクササイズを始め、それがハードだったため背中の筋肉が引きつって座るのがつらいとデュエンにもらしました。するとデュエンは、その場で数分のうちに痛みを全部とってくれました。あまりに手早かったので信じられない気分でした。正直言うと、私は痛みが全然取れないのではないかと思っていたのです。エクササイズをすれば筋肉痛になり苦痛を感じるのが当たり前だと思いこんでいたからです。

それからデュエンを先生にして、肉体、マインド、スピリットについて学ぶ興奮に満ちた旅が始まりました。デュエンと私は共通の興味について語り合い、お互い新しい領域へ成長していくことを楽しんでいました。その後の数年は、先生と生徒の役割を交代しながら一緒にワークをしました。デュエンとワークをしながら、私はヒーリングの領域でどんなことができるかについての先入観をすべて捨てました。特にヒーリングは時間がかかるものだという考えを捨てました。彼はヒーリングが魔法のように早く起こるのを見せてくれました。デュエンの助けで、私はチャネリングをしている時により高い波動に肉体を同調させられるようになりました。

オリンと私は、後に『リヴィング・ウィズ・ジョイ』（マホロバアート刊）という本にまとめられるクラスを教えていました。その時オリンとダベンは私たちがチャネリングを教えるようになることを示唆しました。その頃までには私は他の仕事を全部やめ、オリンとのワークにすべての時間を捧げていました。オリンはデュエンにクレアボヤントの能力を開発するように勧め、彼自身のボディワークに起こっている変化について理解する手助けをしてくれました。

❖ダベンの登場

デュエン

ダベンとの最初の体験は、ボディワークのセッションをしている最中に起こりました。クライアントのエネルギーとのワーク中、自分がしていることが過去に受けたトレーニングや知識から得たものではないことに気づきました。これらの動きやテクニックは驚くべき結果をもたらしました。セッションを受けた人たちは、何年も抱えてきた怪我や痛みがときには一時間もしないうちに解消されるのを体験しました。どうしてこんな効果が出るのか、私にはまったく説明がつきませんでした。ある特定の手順がきちんと完結した時を自分で「わかっている」かのようでした。私は背後で自分をサポートしている目に見えない存在を感じました。ある特定のストロークやテクニックを完結させない限り、体の他の部分にワークを移行することができませんでした。この目に見えない存在は何をすべきかを知るのに役立ち、まったく教わったことも使ったこともないようなヒーリングの方法を「授けて」くれました。

特にランニングの技術を上達させてから、私はマインドと肉体の相互のやりとりについてさらに魅了されていきました。ランニングを始めて二年間は、足、くるぶし、膝の痛みばかりが気になっていました。あまり期待せずに、自分をヒーリングしようとしました。痛みの原因は、骨か体の組織の問題だと聞かされていたからです。自分の体にチューニングすればするほど、本当にそのなかを見ることができるようになっているようでした。そして問題の原因は、ほとんど筋肉にあることがわかりました。次第に私は怪我に対する考え方を変えることにより、マインドを使って怪我を治すことができることがわかり始めました。そして肉体を操作することによって、筋肉を再構成することができることもわかってきました。他の人たちの怪我を、同じ方法で治せることもわかりました。スポーツ選手がセッションを受けにくるようになりました。最初のうち私は自分の肉体にクライアントの怪我をもう一度つくり出しました。どうやって癒していくかをまず自分の肉体で検証し、それからクライアントの肉体で治していきました。クライアントが帰った後、私は自分の肉体に取りこんだ怪我を癒すこともありました。次第に他人の問題を自分に取りこむことなく、その人を癒す方法を見つけていきました。新しく始めたことのなかには、どうしたらマインドを使って自分を癒すことができるか、ワークをしている間にみんなが発見できるようにサポートすることなどもあります。

クライアントの怪我にワークしていくと、自分が肉体そのものではなく、その内側と周辺のエネルギーを感じていることがわかってきました。ワークをしている最中、近くにいる存在の感覚は強まってきていましたが、ガイドやサイキック・ヒーリングといった考えを拒絶していました。それは私が受けてきた科学的なトレーニングに合わなかったからです。科学者なので、知りうる限りのボディワークのテクニックを順序立てて研究していきました――指圧のような東洋的アプローチから、それに関連する西洋のアプローチ、たとえばディープ・ティシュー、キネシオロジー、スポーツ・パフォーマンス、ムーヴメント・スタディーや、その他のスタイルのボディワークやテクニックを過剰なまでに追い求めてきました。

チャネリングに詳しく、色々なガイドのリーディングを受けている友人が、オリンのリーディングを受けるきっかけを与えてくれました。何人かのチャネラーがリーディングしたテープを聞いたのですが、オリンのガイダンスを聞いた時、その情報や伝え方が私の「サイキック」な能力に対する懐疑主義を打ち破ったのです。そして私はオリンを選びました。このような形で私はサネヤとオリンに出会いました。リーディングは、自分の人生に対する考え方を改めて見つめ直す機会となりました。オリンに「あなたは仕事をやめるでしょう」と言われた時、信じられませんでした。そればかりかチャネリングそのものさえ本当かどうか信じられませんでした。私はそれでも本当かどうかに関する判断は保留にしておきました。ボディワークでの新しい体験を、それまでの伝統的なアプローチでは説明できなかったからです。サネヤとワークを続けていくうちに、彼女がチャネリングしている時のエネルギーとオーラのシフトがわかるようになりました。またオリンの愛を、そして私が知っているどんな人よりも進んだ堅実な洞察力を認めるようになりました。それゆえ自分が信じていることと、目の前で起こっていることの矛盾に直面してしまったのです。

数々のサイキックな体験は、自分の信念体系のなかで大きくなっている矛盾をより強めていきました。ある日、丘の上でランニングをしていると、あらゆるものが動きのパターンになっていきました。木々はもはや木々に見えず、波動のパターンとなり向こう側が透けて見えました。私はすぐに自分の正気を疑いました。他の人にこんなことは言いたくはなく、こういうことが自分に起こっていることさえ認めたくありませんでした。数日後、横断歩道を渡る時、赤信号だったので車のそばに立ち止まりました。そしてふとその車に乗った女性ドライバーを見ると、驚くことに私の目に映ったのは人間ではなく、彼女の周りにある繭《まゆ》状の光とエネルギーの線でした。不安を感じて、このような体験がやむようにお願いしました。するとそれはなくなりました。後にクレアボヤントの能力をもっと向上させたくなって、その体験を意図的に呼び戻すまでの間こうした体験は止まっていました。

サネヤとのワークを続けていくうちに、エネルギーに敏感なチャネラーたちがセッションにくるようになりました。私はそういう人たちをボディタッチとエネルギー・ワークでどのようにサポートしていけるのか研究を始めました。自分の内側の感覚や周りにいるであろう存在に従うことで、驚くべき結果が得られることがわかりました。その頃、私は人の体の周りに生き生きとしたエネルギーを再び見られるようになり、そこにある三層、さらには四層のエネルギーの質の違いがわかるようになってきました。後でよく観察してみると、これらの層は人間の肉体、精神、感情、そしてスピリチュアルなオーラと非常に密接につながっているとわかりました。ぐるぐると渦巻くエネルギーが体の周りにある人もいました。ボディタッチを通じて、そのエネルギーを「落ち着かせ」より整然としたパターンに整えていくことに成功すると、クライアントたちはスピリチュアルな領域へと到達する劇的なシフトを体験しました。

私はとても深い分裂を感じ始めていました。科学者としての自分は、毎日仕事に出かけてマネージメントや科学とビジネスの世界で展開されているごく普通の現実と向き合っていました。仕事が終わると家に帰ってきて、人のエネルギーとワークしていました。そして科学で立証されていないものを見て、一見ありえないと思われるような結果を出していました。それでもこの「バランス」は数年の間、理想的に良い状態に保たれていました。二つの現実の間の溝は次第に広がっていきました。自分がやっていくためには、何らかの解決策を見出さなければならないとわかっていました。科学者としての私は「もしエネルギー・ワークやボディワークを専業にしてしまったら自分はおしまいだ」と言いました。直感的な私は「仕事に出かけ人生のなかで一番面白くなってきている部分、つまり超意識的な現実での体験を、否定しながらやっていくのはもう無理なところまできている」と言っていました。一九八四年四月、私はこの葛藤を解消したくて、サネヤとオリンと共にまる一日を過ごしました。

四月のその日、何かが起こる予感がしていました。一週間前に車を運転している時にダベンという名前が浮かんできました。まるで誰かが耳にささやいたかのようにダベンという名前を聞いたのです。それ以来、この現象について解明したいと強く求めるようになりました。ガイドが入ってくる時、人々のオーラに変化を読み取ることができたにも関わらず、私はまだチャネリングに疑念を抱き続けていました。自分が見ているものを否定することがますます苦痛になっていきました。ガイドに自分の人生を明け渡したくはなかったし、自分で人生をコントロールしたかったのです。

その日オリンは、私に「ダベン」の名前を呼びその存在を近くに招くように言いました。体が熱くなったり冷たくなったりしました。サネヤの体が色彩と層に見え始め、透けて見えるようになりました。その存在はそばにやってきて、よりリアルに感じられるようになってきました。肉体的感覚はとても強く、下の横隔膜《おうかくまく》が不快に震えて息切れがしました。それはとても劇的な出来事でした。後から思い返してみると、それが驚くような体験でなければ私は本物だとは信じなかったでしょう。困難なくらいの出来事でなければ本物だとは思わなかっただろうし、それが肉体的に負荷の大きいものだからこそ価値があるのではないかと信じこんでいました。後でわかったことですがダベンの登場は、何か驚くような出来事である必要はなかったのです。今の私は彼を楽に取りこんでいます。

チャネリングの能力が開くと、すぐに人生に変化が起こりました。ダベンの高次元の視点から見ると、自分は人生でチャネリングを生かしたほうが良いことはわかっていたのです。何カ月もの間、決断できずに自分のなかで二人の人間が分裂し、どうしたらいいか悩み続けていました。今ではボディワークや他の人をサポートするための道がどんなものであれ、その道を進むことが私にとって必要で、チャネリングについてもっと学びたいと思っていたと内側から深い確信をもって言えます。翌日退職準備の計画を立て、会社に辞職することを告げました。

それは大きな決断でした。私は長年、科学を研究し続けていてメタフィジカルな現象を無視し、笑いものにしてきたからです。チャネリングやガイドのことなどは、仲間の科学者と議論し合うようなテーマではまったくなかったのです！　自分の正気を保つためにもチャネリングに対する論理的で科学的な何らかの説明が必要でした。そこで科学やボディワークを学んだ時のように、勉強を始めました。肉体やエネルギーのシステムを、チャネリングの回路を開くといった視点から研究することが主なテーマになりました。またチャネリングを哲学的、宗教的、科学的な角度から理解するのに役立つ文献を、片っ端から読みあさりました。

その時からサネヤと私は一緒にチャネリングをするようになりました。私たちのガイドはお互いを知っているようでした。彼らはよく同じテーマについて話したがりました。片方が話をやめたところから、もう一方が話し始めるといったふうでした。一九八四年の四月から十一月にかけて、私たちの人生を大きく変えるたくさんのガイダンスを受け取りました。

一つの出来事や事件がチャネリングの現実に私を引きこんだのではなく、一連の出来事全体に引きこまれていったのです。ダベンの言葉には一貫性がありました。一つのテーマについて数カ月後に話す時でも、前にやめたところから始めました。彼は未来の出来事を告げ、それは本当に起こりました。ゆっくりと始めのうちはほとんど嫌々ながらも、ダベンが私に提示する洞察に魅了されそれを強く求めるようになっていきました。よくボディワークやエネルギーシステムについての話をチャネリングしたものです。色々な物事がびっくりするほど起こり続け、ダベンと私との間の信頼、ワークでの関係性は今では堅固なものに築き上げられています。

11章　チャネリングを教える準備

❖準備

サネヤ

　では、他の人たちのチャネリング体験と、それが人生にもたらした変化についてお話ししましょう。あなたの体験はあなただけのものですが、私たちや他の人の体験を知ることで、チャネリングに秘められた可能性をさらに見つけてください。私たちにとってチャネリングは何よりも楽しみでした。チャネリングをする時は、自分たちが大好きだと感じるものに沿って行っていました。そうすることで人生のどんな瞬間も、豊かで意義深いものになりうるのだということがわかってきました。

　オリンとダベンが、はじめて私たちにチャネリングを教えることを勧めてくれた十一月以降は、とても忙しくなりました。月に一回月曜日夜のオープンハウスを継続し、一月から六月までのスケジュールを立てました。テーマは「見えない体」……チャクラ、アストラル体、エーテル体、コーザル体、そして多次元の自己について。このようなテーマについてあまり知識はありませんでしたが、オリンとダベンがこれこそ自分たちが教えたいテーマだと言うので私たちもクラスを楽しみにしていました。クリスマス・カードを送ったり、スケジュールを立てている時も、同時に南カリフォルニアの荒野にあるパワー・スポットを訪れて自分たちが学び続けることも計画していました。荒野のなかで素晴らしい数週間を過ごし、その間オリンとダベンはガイドについての追加情報や、彼らが誰であるのかということや、どうやって情報を伝達してくるか、ガイドが高い次元からきたものかそうでないかを見分ける方法などについてさらに詳しく教えてくれました。

❖ 光の球を使う

サネヤ

第一回チャネリング・コースの初日は二月の終わり頃になりました。一月中にはすでに一クラスの定員よりも多く予約が入っていました。そこで三月にも第二回目のコースを開講することにしました。優秀なカウンセラーでありチャネラーでもあるジャン・セント・マーチンとその年の始めを一緒に過ごしたのですが、彼にダラスで二つのコースを開講してくれないかと誘われました。私たちはまだコースの予定も立てていないのに、物事がとても早く動いていくので心配でした。オリンとダベンは情報は与えてくれても、それを実行するプロセスについてはまだ伝えてくれていなかったのです。人々は色々な場所からチャネリングへの興味を示して集まってきました。私たちはまるで強い流れに押し流されていくかのようでした。それを何かのチャレンジだと思って、ただそれについていくのに必死でした。

オリンとダベンから受け取った情報を編集し、新たにチャネリングを始める人たちが準備できるよう本にまとめました。激しい風雨が続く間に数日間、温かい日ざしの注ぐ日があったので、デュエンの家の後ろの丘でチャネリングをして過ごしました。その時オリンとダベンは、コースの参加者たちのチャネリング能力を開発する具体的なプロセスを教えてくれました。

コースが始まる数日前、オリンとダベンは光の球体を使う方法を教えてくれました。その球は身を護るためのものではなく、より高い波動に合わせてエネルギーを変容、あるいは変化させるためのものだと説明されました。球の「なか」に座ると、誰でも高い次元に行けるというのです。中心を定めて光に包まれているとイメージするだけで球をつくり出すことができるのです。オリンとダベンは球の大きさや濃さを変えたり、体の近くに引き寄せて小さくしたり、家よりも大きくして試してみるように言いました。それをしている時の私たちのフィーリングの変化も見守っていました。さらに月曜夜のクラスで、この球を使うことで参加者にどんな変化が起こるか観察してほしいと言いました。この結果は驚くべきものでした。

その月の月曜夜のオープンハウスのテーマは、「多次元的自己について」、そして「高次の領域にあるより大きな自己について」でした。それは「根源の自己」とも呼ばれています。オリンとダベンはエクササイズをしている間、参加者たちが根源の自己を発見できるように、コーザル界やもっと高い領域へと導いていきました。ワークの最中、デュエンと私は光の球をイメージしていました。球が強くなり私たちのエネルギーの中心が定まったと感じられた時、部屋全体のエネルギーが上がっていくようでした。参加者たちはより愛にあふれ、根源とつながっている感覚を強め、より深い体験に入っていったようです。強い疑念を抱きながら高い領域へ行くのに抵抗している人がいると、それは光の球のなかのゆらめきとして感じられました。部屋のなかにいる全員がその影響を感じ取りました。球がゆらめく時、参加者たちは体験に支障をきたしたり疑いを感じたりしていたのです。球を安定した状態に保つことができると、参加者たちはより楽に高い次元へ入っていくことができました。

チャネリング・コースが始まる前、光の球をイメージしてセミナー・ルームのエネルギーを高めるように、「光の球をつくる」ワークを数日間にわたって始めました。また参加を予定している人たちに愛とサポートを送り、光の球で彼らの周囲に「安全なスペース」をつくりながらテレパシーでつながるワークも始めました。参加者たちが自分で球をつくる方法でも、同じ結果が得られることがわかりました。

参加者に配る本も具体的なワークの内容も完成し、オリンとダベンは私たちがチャネリングを教える準備ができたことを告げました。コースが始まるのは楽しみでした。しかし、コース初日の前夜はデュエンも私も神経質になっていました。ガイドたちが参加者のチャネリング能力を楽観視しすぎていたらどうしよう？　みんなが本当にガイドを口頭でチャネリングできるようになるかどうか、私たちは期待を持ってコースの開始を待っていました。

❖ みんなの体験談
どうやってチャネリングできるようになったのでしょう?

サネヤとデュエン

コースの初日はいつも、参加者にチャネリングに興味を持った理由を質問することから始めていました。ほとんどの人にとってガイドをチャネリングするという考えは、とても興奮に満ち、スピリチュアルな旅路で次の段階に入ったことを意味するものでした。それはずっと待ち望んでいた何かだったという人もいるようです。数カ月前までチャネリングやガイドのことなどまるで知らなかったという人たちもいましたが、学び始めるやいなやこれこそが自分がやるべきことだと悟ったようです。このテーマはチャネリングの能力を開くためにやってくる大勢の人たちによって、何度も何度も繰り返されてきました。

参加者たちは自発的に自分の意志で参加しており、色々な職業についていました。ヒーラー、芸術家、音楽家、セラピスト、オフィスワーカー、家庭の主婦といった人たちはもとより、科学者、医師、弁護士、ビジネスマン、知的専門職の人たちもいました。何年も前にチャネリングで情報を受け取っていたにも関わらず、子供が成長するまでやそれにじっくり向き合う時間ができるまで、チャネリングを研究したいという願望を棚上げにしてきた人たちもいました。医師やボディーワーカー、西洋占星術師、普通の精神療法士としてヒーラーの人生を送ってきた人たちもいます。彼らはチャネリングという概念と出会い、もっと勉強したいという強い願望を抱いていました。誰も計画的にチャネラーになろうとしていたわけではありません。ただ自然にそれが自分が進むべき次の段階であるように思えただけなのです。自分はチャネリングに「合っていない」と思っていた人も多勢います。参加者のなかにはいったいなぜこの世にチャネリングできる人がいるのか理解できない人もいました。それでも、何かにつき動かされたようにコースに参加し、天の使命のようなものか、自分がするべき何かがあるとわかっているようでした。それが何かをまだ見つけていない人もなかにはいましたが。彼らは自分たちが探し求めていた答えを、チャネリングが見つけてくれると感じていたのです　多くの人が自己成長や自己変容に興味を持っていました。本、セミナー、教師、クラスなどを通じてこの世界に引きこまれていました。既存の医療では治らないアレルギーや慢性の風邪に悩んでいて、代替医療的なヒーリングや栄養学に答えを求めている人たちもいました。チャネリングを学ぶことで、症状改善の可能性を示す新しい思考形態に目覚めることができました。多くの人々が薬物に頼らず、自分の思考形態を変えたりポジティブな感情を持ったり食事を変えたりすることで癒しへの道を見出しています。このようにシフトすることである突破口が開き、より多くの新しい体験や考え方がそこから流れこんできたのです。

はじめてガイドやチャネリングのことを知ったのは、シャーリー・マクレーンの著書『アウト・オン・ア・リム』だったという人もたくさんいました。その本には、シャーリーのチャネリング体験が記されていました。それを読んで、みんなはチャネリングこそ自分が求めていたものだと感じたようです。未来の出来事を予知する夢や、強いメッセージのある夢を見ている人たちもいました。耳にささやく声が聞こえてきて、それが無視できなくなるくらい強くなってきたという人たちもいました。答えを探し求め、東洋の宗教、ニューエイジのセミナーやコース、瞑想やヨガなどの修行をしている人たちもいました。ジェーン・ロバーツの書いたセスの本を読んで高次元の知恵や知性に自分もつながりたいという思いを抱き続け、近頃やっとそれが可能だと思えるようになったという人たちもいます。チャネリングやガイドのことを友だちに聞いて、それが自分の心の琴線に触れたことに気づいた人たちもいます。他のガイドのチャネリングで勉強してきて、これから自分自身でチャネリングを始めていこうという人たちもいました。

長い関係性が終わったり、終わらせることを考えていたり、何年も続けた仕事をやめて新しい分野に進もうとしていたり、個人的な変化の時期を迎えている人たちが数多くいました。内側で大きなシフトを体験しているのにそれを説明できないでいる人たちもいました。多くの人たちがそれまで当たり前だと思っていたことに疑問を感じていました。自分が選んだつもりではないのに探究の道にあり、どこへ行き着く道なのかわからないのにその道を歩むことを余儀なくされていると語る参加者が後を断ちませんでした。全体的には、新たな冒険への興奮に満ちた感覚がありました。参加者の多くにとって、内側に秘められた可能性を発見するために前進したいという思いのほうが、チャネリングに対する抵抗や疑いよりも強かったようです。

多勢の人がチャネリングの能力を開くことに成功しました。参加者たちは目標を達成して望みのものをすでに手に入れていても、まだ人生に何かが欠けていると感じていました。大部分の人は伝統的な宗教や、科学、心理学といった体系のなかで探究を続け、答えを見つけられずにいました。今研究している体系を捨てる必要はなくても、何らかの方法でもっと進歩していく必要性を感じていました。宗教的な道を歩んでいる人もたくさんいました。既存の精神療法を行っている人もいましたが、精神医学的な方法だけに頼るより、瞑想やその他の非伝統的な方法で魂や霊的なものに同時に働きかけたほうがより効果的に人を癒せると気づいていました。

参加者の様々な背景のなかから、ある共通のテーマが浮かび上がりました。チャネリングについてもっと勉強しようと決意するやいなや、それを助けるような偶然の出来事が立て続けに起こったというのです。決意してからほんの数日後、チャネリングの本と出会ったり、友だちから追加の情報やチャネリングの話ができる人を紹介されたというのです。答えを与えてくれるような場所へ行ったり、または体験できるような機会もやってきました。まるで目に見えない力が、みんなを導いてくれているかのようでした。ほとんどの人が興味を持ち、好奇心と冒険心に導かれていきました。そしてほとんど全員が、成長の喜びと高次元に到達できるという可能性に引きこまれていきました。

コースが始まった朝、参加者の話を聞いた後、私たちはチャネリングについて講義しました。そしてオリンとダベンが教えてくれたやり方で参加者をガイドしていきました。オリンは参加者に自分のガイドを呼び寄せるように指示し、チャネリング能力が開くよう導いてくれました。その間デュエンはみんなを観察し、身体のエネルギー・レベルを調整するワークをしていました。

後半は参加者同士でリーディングをしてもらいました。参加者にとっては宇宙の様々な知恵についてチャネリングするよりも、こうしたリーディングのほうがずっと簡単なようです。リーディングのフィードバックが即座に相手から得られるので、チャネリングに対して自信が持てるようになるのです。チャネリングを通じてでなければ答えられないようなテーマについても答えられるようになり、受け取る情報の精度が驚くほど高まってきていることにみんな気づいてました。最後にグループ・チャネリングを行い、多くの人がチャネリングを学ぶ意義についてガイドから答えをもらえました。その数日後に私たちはイブニング・セミナーを開催し、自分自身のことや未来の出来事についてリーディングする方法を学ぶ機会を持ちました。参加者は一人ひとり自分の体験や経験した変化についてエピソードを持っていました。それについては次の章でご紹介します。

それから一カ月半の間に四回のチャネリング・コースを開催したのですが、全員チャネリングできるようになりました。それ以降は興味のある人たちさえ集まれば月に一回くらいのペースで、できるだけ頻繁にコースを開催してきました。一緒にワークをした人全員がチャネリングできるようになったのには驚きました。この成功は私たちを勇気づけてくれました。

12章　チャネリングを教える

❖はじめてガイドと出会う体験

サネヤとデュエン

これからコースではじめてガイドと出会う時に、みなさんが体験する典型的な例をご紹介します。多少の問題があった人もなかにはいましたが、大多数――八十パーセント以上――の人は楽にチャネリングを始めています。各体験談には、あなたが同じような問題に直面した時、どのように対処すればいいかというヒントを書き加えておきました。以下の文章はコースの一つの流れとして書かれていますが、体験談は過去二年間に行われた数回のコースからピックアップしたものです。みなさん一人ひとりのチャネリングの体験を一緒に分かち合いましょう。グループで一緒の時も友だちと一緒の時も一人の時も、分かち合う時間は特別な時間なのですから。

チャネリング・コースは午前中から行われていましたが、セミナー・ルームの興奮はどんどん高まってきていました。オリンとダベンは双方とも、参加者がガイドとのつながりを持てるように、回路を開き準備するためのエネルギー・ワークをしていました。参加者はみなすでにトランス状態や、トランスに入る時の体の姿勢、ガイドとより良いつながりをつくるため、体の位置を調整していく方法を習得していました。花やクリスタルの生命力にチューニングしたり、音を使ったり、色々な声を出したり、喉を開いてより高いエネルギー・センターにつながるエクササイズも終えていました。そして今はじめて自分のガイドとつながるという時になり、興奮が高まっていました。

ある女性の頬を涙が伝って落ちました。午前中、彼女はずっと両手を固く握りしめ、リラックスして上の次元へ行くのが難しいと訴えていました。ガイドが入った時、どんどんリラックスしていくのがわかりました。とうとうガイドが完全にその存在を示した時、彼女はとてつもない解放感を感じていたようです。彼女は最近ボーイフレンドと別れたばかりで、この一週間ずっと捨て去られたり拒絶される感覚や自分が悪かったという強い感覚に苛《さいな》まれていました。自分は特別でなく、ガイドを受け入れるに値するとも思えなくて、本当にガイドがやってくるかどうか確信が持てなかったのです。彼女の涙は安堵《あんど》と喜びの涙でした。後で言っていましたが、彼女はガイドからあふれんばかりの愛と護られているという感覚を受け取っていたそうです。それは彼女のなかの深い部分がようやくリラックスして開かれたかのようでした。

オリンは「自分のガイドに抱えこんでいる感情的な痛みを解放してもらってください」と言いました。すると彼女の表情はより輝きを増していきました。そしてすぐに「自分が漂《ただよ》っているように感じます」と言いました。とても平和な感じになって、ガイドが彼女を通じて語り始めました。ガイドは自己紹介をして、関係性やそのより深い目的、ボーイフレンドと何が起っていたのか、なぜ彼は離れていかなければならなかったかについて語りかけてきました。チャネリングの後、彼女は「この体験はとても深い癒しになりました」と言いました。ガイドと出会ったのは、それまでの自分が悲しみや怒りにとらわれ、許しのない状況にあったからだとわかっていたようです。今はボーイフレンドがなぜ去っていったのか理解できるので、悲しみも幾分は消え去ったようです。

オリンが後から、彼女はこのガイドを迎えるために長い間準備をしていたと教えてくれました。チャネリングを始める前に彼女は、「世界を変えられると思っていなかったから、世界を変えられなかった」というとても重要なテーマに取り組んでいて、その解決の方法を模索していました。世界を変えられるということを理解できない限り、ガイドのワークは効果を発揮しません。高次元のガイドには影響を与えるだけの力があり、本当に世界を変えることができるのです。数カ月後、彼女はこう言いました、「以前よりもっと自信が持てるし、あの関係性を離れてよかったと思っています。また、他の男性とお付き合いを始める前に自分の人生を再調整する体験でした」。そして一年後には「新しい仕事につき、新しいアパートに引越し、ヒーラーの男性と交際を始め、二人で一緒にクラスを教えられるかどうか試行錯誤しているところです」と語ってくれました。

自分が開いていく時に大きな感情の揺れを感じたら、ただその感覚が流れていくのにまかせてください。涙が流れ、喜びの感じがやってくるのを手放しで受け入れてください。ゆったりと呼吸して、６章で練習したりラックスのテクニックを行ってください。落ち着いてきたら、口頭でチャネリングを始めてください。ガイドに自分を感情的にさせている問題について情報をもっと送ってくれるように頼んでみたり、興味のあるテーマについて質問してみてください。

背が高く大柄で素敵なユーモアのセンスを持った南部訛りの男性は、それまでサイキックなことやメタフィジカルなことには縁がなかったのですが、この素晴らしい「新しいこと」を学びにやってきました。彼は大きな不動産会社をいくつも経営し、世界中で鉱物の採掘事業をしており、ビジネスにチャネリングを取り入れようとしていました。自己成長し自分で答えを見つけたいと思っていて、新しいことにもオープンでチャネリングを学びたがっていました。最初のほうのエクササイズは難なくこなしたのですが、ガイドと出会う段になって問題が出てきました。彼はガイドとつながることは喉まで出かかっている言葉を探すようなもので、手が届きそうで届かない苛立つものだと何度も言いました。

高い領域へつながりたいという願望は強いのに、そこに到達する方法をいまだに見出せないでいたのです。この男性は瞑想もしたことがなく、メタフィジカルなことに関する本を読んだこともないし、高次元につながるためにこんなふうにマインドを使ったこともありませんでした。デュエンはそうした人たちにワークをする時、高い波動を受け入れる能力を高めるために、ボディタッチを通じて思考や感情のエネルギーをときには調和させ、高い次元に方向づけることがありました。デュエンはガイドがメッセージを伝達し、その男性を通じて語り始められるようになるまで、エネルギーを引き上げながらサポートをしました。大多数の人の場合は、ガイドに頼んで呼吸を合わせ、エネルギーを吹きこむように頼めば大丈夫だということもわかりました。ガイドがそうしてくれたり、やり方を見せてくれるのでチャネルは簡単に開きます。

ガイドが語り始めると、ある男性は汗をかいて体を震わせました。高い波動をコントロールできることを知ると、こうした肉体的感覚はなくなりました。彼はガイドがビジネスの上でどんなことをしたらいいか具体的に細かく語り始めたので、とても喜んでいました。朝早いうちはトランス状態に入るのが困難なようでしたが、午後遅くにはトランスの感覚に馴染めるようになったと言っていました。彼のガイドは素晴らしいユーモアのセンスを持ち、コースの参加者たちに遊びに満ちた感覚を与えてくれました。一年後、彼は「ガイドから人生のあらゆる分野でいつも援助を受け、まるで自分を気づかってくれる真の友人を得たかのようです」と語ってくれました。ビジネス上の決断をするのもはるかに楽になったし、チャネリングが他の人たちへの大きな思いやりや理解を与えてくれたのです。

ガイドに「到達する」のが困難な時は、自分がより高い次元へ入っていくことをイメージし続けてください。リラックスして頭と首の後ろをより大きなエネルギーの流れに向けて開いていてください。自分でそこを開いていることをイメージしてもいいし、ガイドにそこを開いてくれるようにお願いしてもいいでしょう。ガイドのことを考え続けるようにして、エネルギーを吹きこんでもらうようお願いしましょう。ガイドに近くへきてくれるように頼み、準備ができたと感じたらそのつながりに対して自分が開いていくとイメージしてください。インスピレーションを与えてくれるような音楽をかけ、美しく愛に満ちた思考をするようにしましょう。チャネリングをしているつもりになって、自分が答えを出したいと思っている質問に集中しましょう。こうしたことはすべて意識を拡張し波動を高め、ガイドの領域に近づく助けになります。

オリンは、まだ自分のガイドを呼びこめないでいる女性とワークをしていました。彼女は何年も瞑想をしてきましたが、チャネリングの特別なスペースに入ることができないのではと心配していました。ところが一度入れるようになると、チャネリングのスペースに簡単に行けるようになりました。ガイドとの出会いに開いていく時、その女性は遠くの雲のなかにガイドが座っているのを「見ました」。でも、どうやって近くに呼び寄せていいのかわかりません。始めのうち、彼女はそのガイドを近くへ呼びたいかどうか確信が持てず、話すのをためらっていました。すると雲が現れ、ガイドを覆ってしまいました。彼女にはそのガイドが友好的かどうか、本当に自分のガイドかどうか確信が持てなかったのです。オリンは太陽の光が射して雲を消し去るようなイメージをして、少しの間ガイドと話をしてみるようにアドバイスしました。彼女はとてもためらいながら、ガイドが高い次元からやってきていて、良い意図を持っていることを証明してくれるようにイメージのなかで頼みました。しばらく心のなかで会話を続け、ようやくそのガイドが友好的だとわかると、ガイドをどんどん近くに引き寄せ、最後には口頭でそのメッセージを語るまでになりました。彼女がガイドとのつながりに大きな幸福を感じ、興奮しているのが私たちにもはっきりとわかりました。その後、彼女は道化役者として仕事を始め、数カ月後、「道化をやりながらガイドをチャネリングして、愛とエネルギーを子供たちと分かち合っています」と語ってくれました。

もしガイドとの距離が遠いと感じられたら、同じケースを体験した人たちと同じように、しばらくは心のなかでそのガイドを理解しようとしてみてください。時間をかけて自分に準備ができたと感じられるようになってから、ガイドを近くに呼び寄せてください。

本を書き上げるためにチャネリングを学ぼうとしていたある女性作家が、とても深いトランス状態に入っていました。室内の物音は聞こえていて、同時にガイドがいることもわかっており、そのガイダンスを伝えたい気持ちもありました。ところが話す段になると問題があったのです。そこでオリンとデュエンの双方が彼女にワークをしました。デュエンは彼女の体の色々なポイントにワークをしてエネルギーを安定させ、受け取っているエネルギーの波を一定にしました。心のなかで体をリラックスさせようと意図すれば、彼女は自力で同じことができたので、デュエンはその方法も指導しました。起っていることを追跡しながら、オリンはそのガイドがとてもパワーが強いことを伝えました。チャネリングが始まった時、彼女はガイドに呑みこまれそうになってしまったほどです。あまりにもたくさんの情報が流れこんであふれてしまいそうになり、たくさんの思考のなかからやっと断片を拾っている様子でした。そのメッセージは一見、意味のないもののように思えました。

そのガイドは波のように情報を伝達してきました。一つ波がやってくると、あまりにもたくさんの情報でいっぱいになってしまい、どこから話し始めていいのかわからないのです。そして波が引いていくと、つながりが失われたように感じられるのでした。デュエンとダベンは彼女のエネルギー・センターの一部を開き、ガイドの高い波動を扱えるようにしました。オリンは「一続きの思考を追い、それに集中するように」と言いました。集中することで伝達が安定するようになってきました。その時、彼女は自分の本の最後の部分をチャネリングしていたのですが、さらに一年後には他に三冊の本を手がけていました。また書くことだけでなく人のために上手にリーディングができたので、カウンセリングの練習法も考案してしまいました。

徐々にわかってくると思いますが、ガイドの伝達というのは波のようにやってきて、ある瞬間にはメッセージがきたように感じられても、次の瞬間にはそれが失われたかのように感じられるものです。あなたのガイドにちょうど良くスピードを上げたり下げたりして、伝達の調子を安定させてくれるようにお願いしてみてください。自分が受け取ったメッセージに集中し、それが断片的なものであってもチャネリングを始めてください。断片しか受け取れなくても、そのまま次の波を待ち、やってきたメッセージの「部分」を話してください。

ある建設業に従事している男性が、仕事を変えたいという理由でチャネリングを学びにやってきました。カウンセラー志望で、スピリチュアルな成長や他人を助けることに興味がありました。瞑想の経験はありませんでしたが、ガイドやガイドに関する本はなるべく読むようにしていました。ところが彼はガイドとつながるどころか、話すことも、動くこともできなかったのです。デュエンが彼を助けるためにダベンをチャネリングすると、ダベンはその男性が色彩、画像、音、光の世界に迷いこんでしまっているのがわかりました。まるでサイケデリックな光のショーに入りこんでいるかのようにそこを漂っていて、ガイドを感じることもなく、とてつもなく心地よいフィーリングのなかにいました。ダベンは彼のガイドに、男性のエネルギーシステムを違うやり方で調整するように指導し始めました。そして体の色々なポイントに触れながら、ガイドが調整を行うサポートをしました。男性は高い領域を見るために内側の目を使っていましたが、このような領域を見ることに慣れていなかったために自分が見たものに混乱していました。

デュエンはどちらのほうに注意を向けたらいいかその男性に指導を続け、ガイドのほうは必要なシフトを開始しました。彼はガイドを一つの現実として見たり感じたりできる場所までやってきました。そして徐々にガイドと直接つながれるようになりました。彼のチャネリングは優秀で、それ以来ずっと人生について良いアドバイスとガイダンスを受け取っています。一年後、彼は建設業の仕事をパートタイムで続けていました。それと同時にリーディングをしたり、自己成長のためのクラスの企画に多くの時間を費やしていました。ガイドの助けによって、それまでとらわれていた「自分は豊かさを受け取るに値しない」という考えや、古い条件づけを脱ぎ捨てることができました。ガイドがこうした条件づけをほどくための方法を授け、彼はそれを実行しました。二年後にはもとの仕事を完全に離れ、今ではフルタイムで人を教えたりカウンセリングをする仕事で成功しています。

もし色彩、光、肉体的感覚などにとらわれたと感じたら、心のなかで言葉によるメッセージを送ってくれるようにお願いしてみてください。意志とマインドを使い、脇道にそれないようにしましょう。色彩やフィーリングの世界に迷いこんでも害はありませんが、それでは言葉によるチャネリングが始まるのを遅らせてしまうことになります。ガイドに答えてほしい質問に意識を集中し、色彩よりも質問に思考を向けていてください。

洗練された高学歴の女性が、色々な出来事に導かれチャネリングを学びにやってきました。「二年前まではチャネリングのような現象は断固として信じない人でしたが、今ではガイドとつながりたいと強く望んでいます」と語っていました。しかし、自分だけガイドとつながれないのではないかと心配していました。ガイドに「入ってきてください」と指示した時も何も感じませんでした。ダベンを通じて、デュエンはガイドが彼女のオーラのなかにいるのをはっきりと見てとりました。サネヤはオリンをチャネリングし「チャネリングについて論理的に考えすぎています。そのためチャネリングの能力を止めてしまっていることがはっきりとわかります」と伝えました。オリンは人々の体験を追跡し、そこから引き出してあげたり、そこを通過させてあげることができました。オリンは彼女にいくつか質問をして、チャネリングしているふりをするように言いました。そのアドバイスによって、素晴らしい堅実な答えが普段の調子よりもソフトで慈愛に満ちた声で語られました。一つの文章を言い終わるたびに、自分のなかの一部分が「これはガイドではなく、自分ではないのか」、「自分を騙しているのよ。価値があることを何も言っていないわ」とつぶやいていると彼女は言いました。どうやらチャネリングとは、とんでもない変化がやってきて、足元をひっくり返されるような体験だと思っていたようです。ところがまったく肉体的な感覚がなかったのです。

オリンは彼女がトランス状態に入っている時に、「自分自身が困難を感じていることについて個人的な質問をしてみてください」と言いました。ガイドを通じ、彼女は自分でその質問に答えることを許可した上で、それまで思ってもみなかったようなとても鋭い答えを出しました。パートナーが彼女の知らない人たちについて質問をしても、ガイドの答えはとても正確で洞察力に満ちたものでした。チャネリングをしている時はガイドがいるような気がしているのですが、トランス状態から出てくるとそれが本物だったかどうかまた疑っていました。マインドが邪魔していたのです。そのガイドはとても強かったので、そのほんの一部をそっと彼女のエネルギーシステムに合わせるようにしながら送っていました。ガイドはオリンに「彼女は大きな恐れを抱いています。強く入っていって驚かせてしまうと、もう二度とチャネリングしたいと思わなくなることも十分に考えられます」と告げました。そして強すぎてしまうよりも、優しすぎるほうに甘んじることにしたのです。

オリンは「チャネリングしているつもりでもいいからそれを続けて、受け取った情報を追い続けてください」と言いました。一日中、彼女は他人のためにチャネリングを続け、自分では知りえないような情報を伝えていました。それでも一日中これはでっち上げだと言い続けていました。繰り返される正確なリーディングをすべて合理的なものとして認めるのは、彼女の知性にとってますます困難になっていきました。数カ月後、電話をかけてきて「チャネリングをしている時、やっと肉体的な感覚を感じられるようになって、ついに自分でも本当にガイドとつながっていることを受け入れられるようになりました」と言いました。さらに一年後には「まだ疑いを持っていて、思ったほど頻繁にチャネリングできていません。それでも、時々ガイドを呼びこんで他の人のためにリーディングをするとその結果は驚くほど正確なのです。私はまだ疑いながらワークをしていますが、今は疑いが自分のプロセスの主要な部分なので、あらゆる面で疑うことよりも信頼することを学ぶことが人生の大きなテーマの一つになっています」と語ってくれました。もし自分が本当にチャネリングしているかどうか疑いを抱いていたら、第14章の「疑いを友とする」を読んでみてください。

ファッションデザインの会社を経営して成功したある女性アーティストが、創造性を開くためにチャネリングを学びにやってきました。彼女は自分がコントロールを失ってしまったり、ガイドに乗っ取られてしまうことをもっとも恐れていました。とても自立した意志の強い人で、人生のあらゆることを自分が思ったとおりにしたいと思っていたからです。オリンのリーディングを受けたことがあり、その時に良いチャネラーになるだろうと告げられていました。高い知性と全力を尽くそうという意志、それに集中力があったからです。オリンは、彼女には批判的になったり物事をこうと決めつける面もあるが、それも利用できるということを指摘しました。特にこうした面を高次元のチャネリングを習得するために使えば役に立つと言いました。彼女が物事を監督し調整することにどれだけ身を捧げ、どれだけ強い意欲を持ち、どれだけ細かい部分に注意を向けているか、成功への願望を持っているかということがチャネリングを成功に導いてるというのです。

コースでの彼女は、すべてを「正しく」行おうと一生懸命でした。でも、ある部分でまだ腰が引けているところがあり、ガイドが自分を乗っ取ってコントロールするのではないかと恐れていました。自分のアイデンティティを失い、ガイドのアイデンティティに「呑みこまれる」のを恐れていました。ガイドは彼女を怖がらせたりコントロールしたりしないように、とてもソフトにつながっていました。ガイドがあまりにソフトだったので、彼女は色々な感覚を感じることができずに、本当にガイドがいるのかどうか疑い、困惑していました。ガイドにコントロールされたり強く入ってこられるのを恐れる反面、ガイドが強く入ってこないと本当にチャネリングしているのかどうか不安だったのです。デュエンとダベンは彼女をリラックスさせてエネルギーシステムがもっと開くように調整しました。ダベンはガイドに語りかけ、彼女がエネルギーを開くためのサポートをするように指導しましたが、そのことはとても助けになりました。オリンはガイドとのつながりを邪魔していた彼女のマインドに語り続けました。

オリンはこう言いました。「優秀なチャネラーになった人たちの多くが、最初はコントロールを失うことを恐れていました。コントロールとは、人によって違うことを意味しています。自分はいい仕事をしていると内側で感じ、自分にとって良い方向に物事が進んでいくこともコントロールを意味するかもしれません。チャネラーとして、ガイドが送ってくるメッセージと自分が言うことをマッチさせることは大きなチャレンジでしょう。あなたは自分のマインドがチャネリングの邪魔をすると言いました。あなたのマインドはとても活発で、鋭くて知的だと言えるでしょう。マインドは言葉にたけていて、内側の画像やシンボルを見たり記憶したりすることができます。そうしたところがチャネリングでの情報伝達に役立つと思いました。私たちはあなたを乗っ取ったり、自分でコントロールすべき部分を奪ったりはしません。むしろマインドが別のプログラムを持ち、妨げというよりは助けになることのほうが重要です。すべてをコントロールしていたいというその部分を利用して、ガイドが伝達するメッセージと自分が話している言葉が正確に合っているかどうかを、とても注意深く見守っていてください。また無意識の状態にいる人の声帯をコントロールするにはたくさんのエネルギーが必要です。だからあなたが意識を保ちチャネリングに参加していてくれるほうが、はるかに少ないエネルギーで済むので私たちにとっては喜ばしいのです」。

オリンの言葉を聞き、彼女は幾分リラックスしてきました。ガイドは、エネルギーをブロックしている体の部分をやわらげるようにサポートを続けました。ガイドがいる証拠として彼女は劇的なシフトや強い肉体的感覚を期待していました。一方ではとても用心深く、コントロールされていると感じたら絶対にガイドを受け入れようとはしなかったのです。

ふり返ると新しいことに向き合う時、彼女は何度も同じようなことをしていたことに気がつきました。ファッションデザインの会社を設立する時もそうでした。自分のパターンは、たとえ行動の結果がパワフルで成功に満ちたものであっても、そのプロセスにおいて恐れと抵抗をつくり出すとわかったようです。一日中恐れを手放すワークをし、肉体的感覚が強くないという失望感を乗り越え、肉体的感覚が強くなることへの恐れも手放そうとしていました。彼女のリーディングはいつも優秀で情報の質は高いものでした。

数カ月後、彼女は「何度かとてもうまくチャネリングできたことがありました。強い肉体的感覚を感じ、ガイドは本当に存在すると自信を持って思えるようになりました」と語ってくれました。それからまた何ヵ月かの間に彼女のビジネスは成長し始めました。ガイドとのつながりを維持する時間はなかなか思うようにとれなくても、人生において物事がずっと楽に魔法のように起こるようになりました。以前はトランス状態でなければできなかったような分野についてのガイダンスも、いつでも頼めば直接自分のマインドに取りこめるようになりました。一年後ビジネスはとても成功し、国中を飛び回ることが多くなりました。セールスマンを雇い、それまで想像もしていなかったような成功をおさめました。彼女はチャネリングをとても現実的な物事、たとえばどちらの方針でいったら売り上げが上がるか、その出張は利益があり行くに値するものかどうか、新しいものを発見するにはどうしたらいいかなどといった質問に使っていると話してくれました。「少しずつガイドへの信頼を強めていきましたが、それでも自分の人生を自分がコントロールしていて、ガイドに頼っていないことを確認したいのです」と言っていました。ガイドのアドバイスを受け取った後、それを自分の内なるガイダンスと注意深く照らし合わせ、深い次元で正しいと感じた時にだけ行動に移しました。「よく考えてみるとガイドのアドバイスはいつも正しいという結論に達し、それに従うことで最高の結果が得られてきたように思います」と報告してくれました。

温かくて愛にあふれる女性が、ガイドを口頭でチャネリングする方法を学びにやってきました。十代の子供が二人いて、それぞれが自分たちの現実をつくり上げながら成長していくのをとても楽しみにしていました。展覧会や文化的な活動に没頭していて、他にも色々なことを計画していました。サイキックな能力を伸ばすクラスに参加した時には、すでに何年も前にガイドからのメッセージを受け取っていました。自分を超えた根源からの情報を書き取っていることに気づいていました。その時はまだ小さかった子供たちを育てるのに忙しく、チャネリングのことを追求する余裕がなかったのです。でも今こそその時がきたと感じているようでした。彼女のガイドがはじめてやってきた時、温くなったりめまいがするなど強い肉体的感覚がありました。デュエンが行って、彼女を落ち着かせようとしました。呼吸を深くしてガイドが入ってくることにオープンでいるように指導しました。数分後、口頭でチャネリングできるようになりました。彼女の情報はきわめて良質で、口頭でガイドとつながれたことを喜んでいました。

それから数カ月後、彼女はボディワークという未知なるものに興味があることに気づきました。いくつかのボディワークのクラスに登録し、他の計画で忙しいにも関わらず、ヒーリングの活動を活発にするようになっていきました。今、自分は急激な精神的成長を遂げる時期にあるから、ボディワークや精神的な成長をテーマとしたクラスで学んでいると感じていたようです。できる限りのことを学び、準備ができたら自分のワークを世に出したいという思いを抱いていました。そしてガイドの存在を感じ、より高い次元の道を歩むべく前進する力が高まっていると感じていました。

はじめてガイドが入ってくる時にめまいがしたら、呼吸の調子を変えて体により多くのエネルギーが流れるようにリラックスしてください。息をつめたり、息が短く浅くなっているのに気づいていない人たちもいますが、どちらの場合もめまいをひき起こします。チャネリングしているとよく体が少し温かくなることがあります。部屋が暑すぎるとめまいが起りやすいでしょう。呼吸を普通に保つように気をつけて、部屋の換気をしたり室温を下げるなどしてみましょう。どんな時も体の異常な感じは数分でおさまります。

また他のある女性は、織物作家でデザイナーでもあり卓越したクオリティのドレスを創作していました。はじめてガイドと出会った時は、ただ画像、イメージ、色のようなものしか見えなかったそうです。ガイドがあまりにも優しくソフトに入ってきたので、それは偽物で、口頭で情報の伝達をすることなどできないのではないかと心配していました。オリンはこう言いました「あなたの優しくソフトな性格がガイドの性質にも表れています。高次元のガイドたちは、みずからのエネルギーに合ったタイプの人で同じ成長と光の道を歩む人をチャネルとして選ぶ性質を持っています。あなたのガイドは、あなたの優しさやソフトさ、他人への親切心を反映しています。ガイドは色や形を使って人を癒したいというあなたの能力や願望も反映しています。ガイドは臨機応変です。あなたの仕事を助けてくれるだけでなく、ソフトなタッチと優しい言葉であなたを助けてくれます。頑張ってください。あなたにはあなたの特別な道があり、時がくればチャネリングが自然にその道を開いてくれます」。

何カ月か経って彼女はガイドとワークできるようになりました。言葉ではなく色やイメージを受け取っていました。言葉でメッセージを受け取っている他の人たちと自分を比較していたので、自分が間違ったことをしているのではないかと思っていました。色彩を使った精神分析に強く興味を持ち始め、洋服と環境の両方で色彩を使ってワークする勉強を始めました。トランス状態に入っている時には人の周りに色彩を見ることができました。そして少しずつそれぞれの色彩が様々な意味を持つことがわかってきました。画像、シンボル、イメージはよりクリアになっていきました。口頭でチャネリングしようとするのではなく、人々から受け取ったイメージを描写し始めました。驚いたことに自分が受け取ったイメージはリーディングを受けた人たちにとって意味のあるもので、今体験している物事を象徴的に見る助けになっていたのです。イメージを使ってワークすることが人々の役に立ち、置かれている状況の見方を変えることができました。

さらに色彩とシンボルで情報を受け取り続けましたが、それは仕事にも役立ちました。今彼女は特定の精神的、感情的な状態をつくり出すために、どんな色の服を身に着けたらいいかといったアドバイスをしています。人々が自分自身をヒーリングするために色彩を使った瞑想を指導し、織物の作品で色彩を違ったふうに使う方法を模索しています。「私の一番の障害は、チャネリングがある決まった形をとり、特定のやり方で起こると思いこんでいたことです」と語っています。自分独自のガイド体験をあるがままに受け入れられて始めてそれは成長し、彼女にとって価値のあるものとなったようです。

言葉よりもイメージや画像を受け取っているなら、そのシンボルやイメージを描写することからチャネリングし始めてください。ガイドたちは純粋なエネルギーを伝達してきます。シンボルが言葉よりも彼らの伝達するものにより近いことは往々にしてよくあります。画像を描写し続けていくうちに、あなたはガイドとのより強固なつながりをつくり上げていきます。時間が経つと、画像を解読するよりも言葉を直接受け取れるようになるでしょう。

その日のコースは終わりに近づいていましたが、みんなガイドに到達することができ、とても興奮していました。なかにはちょっと圧倒されている人もいましたが、みんなチャネリングを学んで新しいヴィジョンや可能性を見始めていました。私たちはあらためて参加者の一人ひとりがユニークで、ガイドにも色々なタイプがいて情報を送る方法も様々なのだと認識させられました。またチャネリングの能力の開き方も様々であることがわかりました。

参加者に一番共通しているチャネリングの最初の障害は、話をしているのがガイドではなく自分自身ではないかという恐れだということがはっきりとわかりました。この恐れのために、自分が受け取っているものをコミュニケーションとして表現できない人たちもいました。もしあなたも同じような恐れを抱いていたら、それを手放して入ってきているものを声に出してみてください。いったん話し始めて言葉が流れだすとガイドがメッセージの主になり、だんだん自分の想像とは感じられなくなっていくでしょう。それは車をスタートさせるために後押ししているようなものです。いったん動き始めれば、走り続けていくことは簡単です。あなたがしなければならないのは、ガイドがいると感じても感じなくてもただ勇気を出すことです。ガイドを「感じられる」までに、何カ月もかかった人はたくさんいます。チャネリングの練習を続けた人は、次第に自分自身とガイドの違いがわかるようになっていきます。

13章 チャネルが開いた後のエピソード

❖チャネルが開いた後の反応

サネヤとデュエン

　チャネリングの能力が開いた後、参加者たちの人生にこんなに早く変化が表れるとは思いもよりませんでした。能力が開いてすぐに、どんなことを感じ何が起こったのか、様々なエピソードをみなさんがシェアしてくれるのには驚かされます。人それぞれ、反応にパターンがあることもわかってきました。チャネリングを習得するには、普通よりもスピリチュアルな高い次元に焦点を合わせる能力とかなりの集中力が必要です。ここではコースの参加者たちの反応をご紹介しますので、読者のみなさんが同じような反応を体験した時の様子を参考にしてください。

チャネリングの能力が開いた後の反応の一つに、夢が強烈になるというものがあります。弁護士をしている男性が、人生は仕事だけではないことを知り、チャネリングを学びにやってきました。普段仕事をしている日は、ほとんど左脳つまり論理的マインドを使っていました。彼はチャネリングを自分の創造性を伸ばすために利用したかったのです。コースでは上手にガイドとつながることができましたが、その晩はほとんど眠れなかったそうです。夢のなかで、人生に役立ちそうなアイデアが次から次へとおびただしく出てきました。いったん扉が開くと、封印されていた夢、埋もれていた才能、根源にあるものが表面化し始めます。チャネリングが彼の望んでいた右脳、つまり創造的な面と強い結びつきをつくり出したのです。

何人かの例ですがチャネリングができた翌日、短くて数時間、長くて一日くらい気分が落ちこんだという人がいました。これはトランス状態から戻ってきてすぐに、時々落ちこむことがあるのと同じような現象です。こういう人たちは、トランス状態から戻ってきたくないのです！　旅行会社のオーナーをしている女性は、チャネリングの能力が開いた翌日、自分の人生に思いを巡らせ憂うつになったそうです。これは普段の彼女にはないことで、いつもは顧客や売上のこと、その他やらなくてはならないことで忙しくしていました。自分のチャネリングをとても気に入っていて、受け取る情報のレベルや正確さに満足していました。チャネリング体験があまりにも気持ち良いものだったので、本当はやめたくなかったのです。今ではチャネリングに比べると、色々なことがつまらなく思えてしまいます。私たちはこの反応について、彼女自身のガイドから何かコメントしてもらうようお願いしました。ガイドの回答は「彼女は今まで、もう楽しくも重要でもなくなってしまった仕事のことばかりに気をとられ、自分の深い欲求、本当に必要なもの、精神的な成長をたくさん置き去りにしてきました」というものでした。ガイドの力を借りて潜在意識的マインドにつながった時には、まるで「家に戻った」かのように感じました。それに比べると、もう人生の他の部分がつまらなく思えてしまいます。まるで白い絨毯《じゅうたん》を洗う時のようです。一ヵ所こすると、以前きれいに見えていた絨毯の他の部分が汚れて見えてしまうのです。

時が経つにつれ、外側の人生は内側の人生に調和するようになりました。ずっと前からもう「自分がしていることは満足感を与えるものではなく、より深いところで求めているものにはまだ出会っていない」と告げる大きな声が鳴り響いていたことに気づきました。いつも忙しくしていたので、より深いところで核をなす内なる声に耳を傾ける時間がありませんでした。ガイドとつながってからは、より深い自己の声にも耳を傾けるようになりました。仕事のやり方を変え、マネージャーを雇って責任の一部をあずけることにしました。オフの時間をつくり、趣味で絵を描き始めました。しばらくして彼女は「ガイドがよくマインドに直接入ってくるようになった」と報告してくれました。さらにチャネリングを続けることで、より本格的にガイドとつながり、新しい分野の情報も得られるようになりました。他の人のためにチャネリングする時も、トランス状態に入れるようになりました。彼女はこう語ります「以前より将来のことを心配しなくなり、物事がただ必要に応じてやってくるのを受け入れられるようになりました」。

同じ感情的な性質のもので違ったタイプのものに、大きな平和と満足を感じるという反応もあります。ある女性は夫といつも口論していましたが、それは夫が自分を認めてくれないと感じていたからです。ところがチャネリングが始まった翌日、夫から自分を護る必要も、夫の前で何かを証明してみせる必要もないという理解がやってきて大きな開放感を体験しました。夫に軽視されているという気持ちを捨て、想像していた悪い事をすべて許すことにしました。夫のほうは相変わらず彼女に話しかけもせず、理解しようともしませんでした。それでも自分が軽視されているという感情を持ち続けることなく、彼の人生や体験している物事に同情できるようになりました。彼に感謝し、自分のためにしてくれたことで今までは当たり前だと思っていたこと、小さなことでも理解して褒められるようになりました。数週間後、何年かぶりに素直で親密なコミュニケーションがとれました。そして数カ月後に連絡を受けた時には、「夫との関係がとても良くなって、まるで新しい人と暮らしているかのようです」と興奮しながら語ってくれました。

チャネリングをマスターした翌日くらいに体が疲れてだるくなり、明晰な思考ができなくなる人たちもいました。まるで遠くまで走りすぎたランナーのようです。心理的あるいはスピリチュアルな「筋肉」が、次の日には疲れて休息を必要としているかのようでした。チャネリングには心理的な集中力と気づきが必要です。ほとんどの人はマインドをこうしたやり方で、長時間使うことに慣れていません。ぼーっとした感覚は、休息を取ったりリラックスしたり、外を歩いたり、絵を描いたり、音楽を聞いたり、暑いお風呂に浸かると薄れていきます。肉体的に活発になるといいという人もいます。この倦怠感《けんたい》は一時的なものです。チャネリングを続けていくと、以前よりも頭がすっきりしていきます。

また別の人たちはチャネリングした後でエネルギーが満ちあふれたと言っています。翌日家を大掃除したくなったり、何カ月も先延ばしにしておいたことをやる気になったそうです。まるで人生が急に活気づき輝きを増したかのようだと言うのです。今の生活に合わなくなった服や物を、急に処分したくなったという人もいます。チャネリングを始めて波動が変わることで、古い自分を象徴するものが人生から離れていきます。たった数日でそれまで身につけていたものとはスタイルも色も違う衣類を買い集めていたという人もいました。自分がもっと生き生きできるような服を着たくなったのです。古い服はもう自分らしさを表現していないのですから。

今まで当然だと思っていたことが突如として違うものに見えたり、普通ではないように思えたり、不思議に思えたという人もいます。まるではじめて世界を見るか、夢から覚めたかのようでした。一緒にコースに参加していたあるカップルは、チャネリングの能力が開いた後ディナーを食べに出かけたら、料理の味がまったく違ったふうに感じられたそうです。近所のお店にも立ち寄ってみましたが、そこで目にしたものがどこか真実味のないものに思われました。色彩がとんでもなく派手に見え、店内にいる人たちも奇妙に感じられました。まるで地上にはじめて降り立ったかのような体験でした！　普通の感じが戻ったのは数日経ってからのことです。「あの高い気づきの状態が長く続いていたら、もっと楽しかっただろう」と彼らは言います。

チャネリングの能力が開くと、外で時間を忙しく過ごすよりも、身のまわりのことに対して目を向け、注意を払うようになります。チャネリングの数日後、パーティーや社交イベントに出かけた人は、それまでとはまったく違った目で人々を見ていることに気づいたそうです。無意味な会話は、もっと無意味で退屈なものに思われてきました。逆にそれまで注目していなかった人たちが面白く見えてきました。それはまるで人をパーソナリティの次元ではなく魂として見ているような体験でした。

これもチャネリングの能力が開いた後よくある反応ですが、自分が本当にチャネリングしていたのかどうか信じられないという人たちがいます（14章は、このテーマについて書かれています）。三人のお子さんのいるある優雅なスポーツウーマンの例ですが、チャネリングが上手でガイドとも良いつながりを持っていました。ところがチャネリングできた翌日、自分の体験の信憑性に対する疑念で頭がいっぱいになってしまいました。ガイドに、本物かどうか何度も質問を続けました。ある日車を運転している時、一人の子供は前の座席で眠っていて、もう一人が後ろの座席で静かに遊んでいました。すると体中がむずむずし始めました。ある声が頭のなかで、未来のことや知り得ないようなことを彼女に告げましたが、それらは後になって本当のことだとわかったのです。彼女は私たちのところへやってきて、「とてもびっくりするような体験だったので、もうガイドが本物かどうか疑わなくなりました」と言いました。まったく新しい世界が目の前に開けたのです。

またチャネリングした翌日やその後しばらくして別の影響が出ることもあります。翌日もそれから何週間経っても、何も変化がなかったという人たちもいます。しかし後で思い返してみると、必ず何か普通ではない出来事が起っていたのを思い出すのです。ある女性は女友だちと一緒に砂漠へ旅する計画を立てていましたが、砂漠ではなくロッキー山脈に行きたいと思い始めました。友だちに計画を変更してもいいか電話で聞いてみようと考えていたら、その友だちも同じタイミングで砂漠ではなくロッキー山脈に行こうと伝えるために、電話をかけるところだったそうです！

たくさんの人が古い友人から連絡を受け、過去のわだかまりや言い争いを解決しています。エネルギーの次元で彼らを引き止めていたことが表面化し、浄化され解放されていくのです。ある女性がチャネリング・コースが終わって家に戻ると、六年も連絡をとっていなかった友だちから電話がかかってきたそうです。その友だちは意見の違いから突然関係を断ち、和解のためのどんな提案にも断固として応じませんでした。コースがあった日の夜に電話をかけてきて昔のことを謝り、過去の傷をお互いに癒していくにはどうしたらいいか尋ねてきました。

チャネルが開通した反応として、部分的に肩、首、背中の上部に肉体的な痛みが出ることもあります。肉体次元でこのような痛みが出る原因としては、ある特定の姿勢をとっているせいもあるでしょう。チャネリングをする時は、今までとは違う新しい姿勢をとります。筋肉がまだ新しいパターンに慣れていないために時々痛みが起こるのです。ガイドにリラックスさせてくれるようにお願いし、自分が楽な姿勢をとれるように気をつけてください。エネルギーの次元でいうと、痛みが出るのは大方流れがとどこおっているためです。ガイドはよく首や肩のあたりから入ってきます。ガイドが高いエネルギーを体に送ってくると、その大きな流れを受け止めきれない体の部分もあります。一分間にある一定量の水をちょうどよく流すように規格されたホースをイメージしてください。急に水の量を増やしたら、ホースはもう水の流れを制御することができません。ある部分は膨張し、ある部分はねじれてしまうでしょう。たとえガイドが、あなたが許容している以上のエネルギーを流してきたとしても、増量した流れにあなたが開いていくのは簡単です。エネルギーが開いていくことをイメージしガイドに助けを求めてください。どんな不快感も数分でおさまるでしょう。

トランス状態から戻ってきた途端に、悲しい感じを味わったり、感情的に敏感になってエネルギーの低下を感じる人もいます。オリンとダベンはこの状態をこう説明しています。「チャネリング中、みなさんは幸せで、ハートが開いて、宇宙とつながった研ぎ澄まされた意識の状態を味わいます。これは普段の意識と対極にあるものです。最高の状態から普段の状態に戻るので、エネルギーの低下を感じるのです」と。多くの人たちが「普通」と呼ばれる意識状態にあります。それがものを感じ取る能力の一番高い状態だと思いこんでいます。より高次元のガイドの現実を体験すると、みなさんが自分で体験できるような、喜びと広がりのある新しい世界が開けてきます。このコントラストは衝撃的なものです。

私たちの目から見てチャネリングを続けて成長していった人はみな、人生や生き方に対する態度を変えていきます。普段の状態とチャネリングの状態との差が少なくなり、いつも幸せでより充足した感じになっていきます。するとトランス状態から戻ってきても、もう悲しみなどのエネルギーの低下をあまり感じなくなります。

このようにエネルギーが低下した原因は、チャネリングのやりすぎであるとも考えられます。長時間チャネリングできるようになるまでには時間がかかります。ランナーは忍耐力を育てることなく、いきなりマラソンを走ることはできません。チャネリングをやりすぎると、トランス状態から戻ってきた後に疲れたり、落ち着かない感じがしたり、不安を感じたり、ずっと情報を送り続けられているような気がします。まるで体のなかをとてつもない量のエネルギーが流れていった後のようです。こういう場合はトランス状態に入る時間を短縮してください。あまり強い集中力を必要としないエクササイズなど、体を動かすのもいいでしょう。このような活動をすることで、過剰なエネルギーが解放されます。

参加者たちは何度も繰り返し、小さな奇跡のエピソード――奇跡に小さなものがあるとすればですが――を語ってくれます。返済期限がずっと前に過ぎているお金が戻ってきたこと、一年も買い手のつかなかった家が突然売れたこと、紛失していた貴重品が見つかったことなどです。こうしたエピソードをただの偶然だと言う人もいますが、このような「偶然」が続くことで、ガイドの存在、ガイドに護られていることを認められるようになるのです。

サネヤ

私がオリンをはじめてチャネリングし始めた時、オリンのエネルギーを一回に20～30分くらいしか受け止めることができませんでした。一年後には一時間くらいエネルギーを受け止めていられるようになりました。次第に長時間のチャネリングができるようになり、たくさん練習を積んで、休憩を入れながら一回に何時間もできるようになりました。もっと楽に早く長時間のセッションができるようになることもあるので、自分のリズムに従って行ってください。

デュエン

ボディワークをやりながら、トランス状態で集中力を保っていられるのは始めは一時間くらいでした。時が経つうちに、人のエネルギーフィールドと肉体にワークしながら三～四時間はトランス状態で完全に集中していることができるようになりました。むしろこれくらいのほうが自分も元気でいられます。

サネヤとデュエン

口頭でガイドをチャネリングできるようになると、ほとんどの人はチャネリングするたびにガイドとのつながりをより良好で、強いものにしていきます。もし注意深さを保っていられるなら、このプロセスから多くの豊かさを発見することができるでしょう。

立派な医師として活躍している女性が、さらに人を助け癒すための方法を求めてチャネリングを学びにやってきました。彼女は自己成長のプロセスで変容していくという体験をすでに何度もしており、可能な限りあらゆる方向に広がっていきたいと思っていました。論理的に考えてチャネリングはそのための次のステップであるように思われたのです。彼女は既存の医学は症状には働きかけても、根本の原因には働きかけていないと感じていました。ガイドを通じて、病気の本当の原因——心理的、感情的、精神的、肉体的な側面——を知りたいと願っていました。チャネリングの概念に出会ってからまだ日は浅かったのですが、短期間で習得し一生懸命に取り組んでいきました。ガイドを呼び入れた瞬間から、メッセージの伝達が始まりました。そのガイドは雄弁で、彼女や他の人からの質問に対し美しい答えを与えてくれました。

彼女は他の街からきていましたが、コースを終えて家に戻った時、急に一人になったように感じました。周りにはチャネリングを支持したり信じる人たちが誰もいませんでした。疑いが出てきて、始めにあったガイドとの強いつながりを失ってしまうのではないかと不安になりました。チャネリングが困難になり、ほとんどやめてしまうところでした。しかし自分が興味を持っているメタフィジカルなテーマについてなら、何でもリーディングすることができました。ガイドを裏切ってしまったのではないかという思いにとらわれ、彼女はオリンに「毎日チャネリングをするには意志の力が必要かどうか」質問しました。オリンは「ガイドのより良いチャネルとなるために、もっとあなたの概念を広げたほうがいいでしょう。今あなたがしていることは、チャネリングの能力を伸ばすためにまったくもって正しいことです。リーディングを続けてください。ガイドはより豊富な知識を与えたがっています。あなたのチャネリングしたいという情熱が戻ってくるのを願っています」と語りました。数カ月後、彼女は上級クラスにもやってきました。私たちが上級クラスを開いたのは、ガイドとの最初のつながりをさらに拡張し強固なものにするために、オリンとダベンからそう勧められたからです。その時彼女とガイドとのつながりは、よりしっかりしたものになっていました。オリンは彼女に一日に5分間チャネリングするようにアドバイスしました。この段階で規則正しくガイドとつながりを持つことは、彼女に大きな恩恵をもたらすからです。

数カ月後、彼女は電話をかけてきて「一日に5分間だったチャネリングが30分に伸び、しかもそのつながりは強く安定したものになっています」と話してくれました。医学的な情報をたくさん受け取っており、人間の肉体とエネルギーシステムを新しい方法で理解し始めていました。またチャネリングに興味のある人と集まって、グループチャネリングも何度か成功させたそうです。

一年間、この高次元の知識をどう使うべきか彼女は迷っていました。その後ホメオパシーに出会い、思考にも新たな変化が起こり始めました。肉体的症状を治療することは、大きな全体像のほんの小さな部分だということがわかりました。肉体の症状が起こるのはエネルギーの不調和があるためで、それをエネルギーの次元で治療することで様々な肉体的問題が起こるのを予防できることがわかりました。このようにアプローチを変えてチャネリングの練習をしながら、彼女の人生全体が大幅に調整されていきました。最後に彼女から連絡を受けた時、ガイドとのつながりは堅固なものになっていて、代替医療に理解のある患者にホメオパシーの治療を勧めていました。今でもヒーリングと健康について注目すべき情報をチャネリングし続けていますが、この道を歩み続け、より多くの情報をもたらしてくれることを期待したいと思います。

❖ テイクー——異次元からのサネヤのガイド

サネヤ

最初の年が終わる頃には、私たちは百人以上にチャネリングの方法を教えていました。その年、デュエンと私は定期的に街を離れ、静かな自然のなかで高い次元とのつながりを強めるため、自分たちのエネルギーとワークする必要を感じていました。春はマウイ島に旅行し、ほとんどの時間をエネルギー・ワークとチャネリングに費やしました。デュエンはスキューバ・ダイビングをして、水面下の新しい世界を発見していました。それは何時間にもわたり彼の意識を変性させ、終わった後も全体性の感覚をもたらしてくれました。アメリカ中西部で育った私はあまり海を知らなかったので、サーフィンやシュノーケルを使って海へ出て行くことは大きなステップでした。シュノーケリングは大好きで、デュエンが海の深みへ姿を消していくのを見るのは楽しいものでした。

毎朝ちょっとだけチャネリングします。何日間かは一日中チャネリングをして過ごします。三千メートル以上もある美しい火山ハレアカラ山とマウイ島の特別なエネルギーが、私たちに今までにないほど高いエネルギーを吹きこんでくれたようです。オリンとダベンは、「そこはパワー・スポットの一つで、あなたたちの次元と別の次元との扉になっている」と教えてくれました。私たちは島中をドライブし、違うエネルギーの場所を探してはチャネリングして、ガイドとのつながりが場所、天候、標高、環境によって変わるかどうか試してみました。

マウイでの滞在が終わりに近づいた頃、研究をストップしていたのですが、その時新しいガイド、テイクーが姿を現しました。テイクーは、以前私が女友だちとカウアイ島へ三週間旅行した時にやってきていました。始めの頃は毎朝やってきて、自分自身や他人を癒す方法についての本を私に書き取らせて、エネルギーの宇宙的法則について議論を交わしました。オリンはこのつながりを持つことに賛成で、「テイクーはとても高次の存在で、私と一緒にワークしていました」と告げました。私はすでにテイクーからチャネリングした本を書き記していましたが、それにはとても役立つ情報が書かれていました。でもそのカウアイへの旅以来、テイクーは戻ってこなかったのです。

テイクーはみずからを、すべての物質が創造されるエッセンスの世界の入口からやってきた〈時間の主〉だと言いました。そして他の宇宙や、形と物質の世界について話をしてくれました。デュエンと私は、その情報を魅力的だと思いました。テイクーはとてもユーモアにあふれていました。「私はオリンとは別のところからきていますが、そこはオリンのところよりも高くも低くもないですよ」と言いました。「世界中どこでもマウイのような火山が近くにある場所は、今の時期私にとってもっとも出現しやすい場所です。私のいる世界は、地球のいる位置と繰り返しシンクロしたりしなかったりしています。私とつながれるかどうかは、特定の場所に特定の時間にいるかどうかによります」。さらにこうつけ加えました。「私をいつでも好きな時に呼び出すのは困難です。あまりにも波動が違う場所にいるので、地球の波動との〈同調〉は特定の場所で時折、数時間だけしか起こらないのです」と。

その体験は、魅力的なものでした。テイクーの世界では、エネルギーが対称になっていることがわかりました。彼にとって人間の肉体に入ってみることはとてもおかしなチャレンジで、私と歩くのを楽しんでいました。彼は非対称な乗り物である私の肉体が、どうしてバランスがとれているのか不思議に思っていました。重力とバランスの感覚がつかめるまで、彼が歩こうとすると私はいつも転びそうになってしまいました。一年前にはじめてテイクーが私の体に入ってきた時、体をくまなく調べているのが感じられました。そしてため息をついてこう言いました「う〜ん、最高の形状とは言えないけれど、何となかるでしょう」。前回チャネリングしてから、私は食習慣を改めてシェイプアップしました。すると彼とのつながりが強くなったように感じられたのです。

テイクーはデュエンと私が食事をしているのを観察し、その栄養補給のシステムに驚いていました。最初はとまどいを感じていたようですが、後になると十分楽しめるようになりました。「私にはわかります」と彼は言いました。「食事があなたたちの問題の根源になっています。まず食物を手に入れなければならない。それから皿もいる。だから皿を置いておく家を建てなければならない。その家を買うために仕事に行かなければならない。すべては食事のためです！　私たちの世界では、必要な時にただエネルギーを吸収するだけでいいから生きるのも楽ですよ」。そのユーモアのセンスはとても楽しかったので、二人でよく床に笑い転げたものです。世界に対する彼の見方は、私たちが基本としている前提や仮定を、ひたすら愛に満ちた眼差しでもう一度見直すきっかけとなりました。ある日、彼は自分が観察している地球の変化についての追加情報を告げにやってきました。そして「地球の波動に変化が起こっているので、それに合わせて調整する方法を教えればみんなが助かるから、ぜひチャネリングを教え続けてください」と言いました。

テイクーはマウイを離れてからも、何度かやってきました。いつも予想外の時にやってきて、宇宙で何が起こっているかについての追加情報を伝えてきました。また私たちが成長し、より高次の目的をつくり出していくために、エネルギーをどう使ったらいいか具体的なアドバイスをしてくれました。

❖ シャスタ山訪問

サネヤ

デュエンと私は八月のある時期に休暇をとり、北カリフォルニア、シャスタ山麓の美しい街マウント・シャスタ・シティを訪れました。この本を書くために、パワー・スポットを探検してガイドたちともっと強くつながるのが目的でした。シャスタ山は、レムリア時代のホワイト・ブラザーフッドのアセンデッド・マスターたちが住んでいるといわれる伝説の家です。偉大なるマスターたちと出会うために、たくさんの人がこの山を訪れています。マスターたちは、スピリチュアルな意味で準備ができた人たちのところにだけやってくるという噂でした。私たちは木々に覆われた心地よい家に滞在し、そこで執筆にいそしんだり平和と静けさを堪能することにしました。何日か山の上でキャンプもして、チャネリングやハイキングやランニングをして過ごしました。デュエンは標高四千百メートルの山に登れるまでトレーニングをしました。四千メートル級の山に登るには、かなりの登山技術を要します。シャスタ山では特別な存在と出会うことはありませんでしたが、オリンとダベンと共に素晴らしい時を過ごしました。山のエネルギーはとても強かったので、ガイドたちとのつながりもより強く感じられ、高次元の領域に入っていく能力も増大しました。

デュエンは山登りを楽しみにしていました。当日は、とてもいいお天気に恵まれました。標高二千七百メートルのベースキャンプを出発し、六時間で頂上に達しました。そこからは一方に海岸を、反対側にシエラ山を望むことができました。両方とも何百キロも離れたところにあります。そこで彼はダベンをチャネリングし始めました。私が家に戻った時、突然大きなエネルギーの波が体を流れていくのを感じました。その時していたことを中断し、目を閉じてみました。まるで自分も山頂に座っていたかのように、そこからの景色をはっきりと見ることができました。いつデュエンが山頂に着くかは知りませんでしたが、後で二人で時間を照合してみると、気づきと感覚の波がやってきて山頂に連れて行かれた感じがきた時間と、デュエンがダベンをチャネリングしていた時間がまったく一致していました。私が描写した風景や見た場所は、頂上からデュエンが見ていたものとまったく同じでした。私たちはチャネリングを通じ、より密接にテレパシーのつながりを持つことができるとわかりました。それからは何マイル離れていても直感的につながり、お互いを認知できる体験がさらに頻繁に起こるようになりました。パートナーと一緒にチャネリングをしていて、同じような体験をした人はたくさんいます。

第Ⅳ部 † チャネリングを上達させる

14章　チャネリング――偉大なる目覚め

❖ チャネリング――加速されたスピリチュアルな成長への道

サネヤとデュエン

チャネリングという素晴らしい冒険を共に歩み探究するガイドと出会って以来、人々は自分が広がっていくような体験をたくさんしてきました。私たちはオリンとダベンに質問に答えてもらい、さらに参加者たちのチャネリング能力が向上するよう、月一回のミーティングを始めることにしました。そこで体験したことや、オリンとダベンが質疑応答で答えてくれた体験、助言や情報を基に、チャネリングの能力向上に関することやチャネリングが人生にどんな影響を及ぼすかについて多くを学びました。

オリンとダベン

いったん高次元のガイドを呼びこんで魂の自己とつながると、あなたは加速化された成長の道を歩みだします。チャネリング能力が開くことで、超意識的な自己と日常的な自己との間に大いなるつながりができます。こうして開いていくことで、スピリチュアルな目覚めが創造され加速化されます。ガイドはこのスピリチュアルな目覚めを助けてくれます。そしてより大きな喜び、強い自信、自分は誰かというさらなる気づきを得ることを手伝ってくれます。ガイドとワークすると、人生のなかでシフトや変化が起こることに気づくでしょう。変化は急激ではないかもしれませんが何カ月も何年も経った後で、自分がまったく新しい道を歩んでいることに気づくでしょう。

チャネリングの能力が開くと、自分の人生、そして内側のきらめきに感動することがよくあります。

どんなことでも新しいことを始めた時には、独特の強烈なエネルギーがあるものです。この時期は熱意、洞察、自己認識、変化への熱望にあふれています。コースの参加者たちによると、能力が開いた後は周囲の人々にとてつもなく大きな愛を感じるそうです。そして宇宙の全体性と一つになったように感じます。自分が何でもできるかのように感じます。人生のあらゆることが特別なオーラを帯びてきます。それは恋愛をした時に、はじめて頬を赤く染めるようなものです。まるで雲のなかにいるような気分を味わいます。自分や世界をまったく新しいやり方で認識することに夢中になります。

この状態がどれくらい続くか、期間は人によってまちまちです。能力が開いた後は、波のように潮の干満があります。これは日常の現実が更新されていく時期です。現在の仕事や人との関係性を変えたいと思うかもしれません。働きかけ解決しなければならない個人的な問題があるかもしれません。この更新の過程、日々の生活ではエネルギーが低下していくような重たい感じを味わうかもしれません。外側の人生を内側の光の新たな次元に合わせてつくり上げる過程では、いつもワクワクするようなことばかりではなく、不快に感じられることもあります。しかし、現実世界であなたが成し遂げる変化は、チャネリングの能力やガイドとのつながりを決定的に強めてくれます。現実世界で変化が起こった時、興奮はさらに強まり再びやってくるのです。

寄せては返す海の波のように、スピリチュアルな目覚めには周期があります。ある波はとても大きく長くうねります。ある波は小さく短い周期でやってきます。初期の興奮状態の後に徐々に洞察が深い次元へと達し、それがあなたという存在の他の部分と溶け合い統合していきます。始めのうちよくチャネリングしていた人でも、あまりチャネリングしなくなることがあります。すでにガイドとある部分でつながっているので、人生のあらゆる側面にこの新しく開花した能力を統合していくことが必要なのです。そして再びガイドとつながり、より高い次元へ飛躍することができるのです。そうした人たちはより高い次元と一致するように日々の活動にエネルギーを注ぎ、人生がより円滑に機能することに意識を向けているのでしょう。チャネリングを始めてしばらくして、最初の頃よりチャネリングしなくなったとしてもそのまま見守っていてください。この時期は深いところで変化が起き、それと同時に外側の変化も起こることがあります。この時期は物事が外側から内側へではなく、内側から外側へと起こっていきます。あなたは人生のあらゆる次元に、より高い波動を統合しようとしているのです。ある特定の答えを求め必死にワークをすることもあるでしょうが、答えは求めている最中にではなく、そこを離れて別のことを始めた時に突然やってくることもあります。他のことをやっている最中に、マインドが内側で答えを探していたかのようです。チャネリングも同じことです。いったん休憩してまた始めた時、ガイドとのつながりが今までよりも良好になっていることに気づくでしょう。

ほとんどの場合、最初にチャネリングの能力が開いた後で、いったん潮が引ける時期があります。それは人生をもう一度見直し、そこへ疑問を投げかけ新しい英知を消化する時期なのです。チャネリングをしなくなるかもしれません。しかし、これは一時的なものだと信じてください。さらにチャネリングの能力を開いていく準備ができた時、ガイドとのより深くクリアで強烈なつながりができることはまず間違いないでしょう。

チャネリングは自分自身の答えを見出すための道具を与えてくれます。

チャネリングが必ずしも満足のいく答えを与えてくれるわけではないと思っている人もいます。最初のうち、チャネリングさえすれば自分の問題をすべて解決してくれるような賢い存在とつながるので、自分でワークする必要もなければ変わろうと努力することもないと思っている人もいます。それでも自分の学びから逃れるわけにはいかないことが後々わかってきます。私たちはみな、みずから進化を続け、人生に向き合う責任があるからです。ガイドは問題をすべて解決するのではなく、解決のための道具を与えてくれる存在だとわかると比較的早く慣れていくようです。チャネリングは、あなたの学びや成長の機会を奪うものではありません。それは問題をより明確に見せて、苦闘するのではなく適切な行動をとり、喜びや安らぎのなかで物事を成し遂げていく助けとなってくれます。

最初の興奮の潮が引いていくと、それまで見ようとしなかった人生の問題、たとえばやめたいと思っていた仕事や、もう自分に滋養を与えてくれない関係性などが耐えがたいもののように感じられ、なんとかしなくてはいけないと突然思い始めます。チャネリングをすることで、より生き生きと成長できる方向へ向かうことができるようになります。そこで妨げとなっているものが痛みを伴いつつ明確になってきます。より高い視野から人生を見渡してどんな可能性があるのかを知れば、物事がどうあってほしいのか明確なプランを持つことができるでしょう。どんな行動を取ればいいかすぐにわからなくても、より良い人生を創造する自分の能力を否定できなくなります。自分のフィーリングを抑圧し、自分に合わない人生を送っていたら困難が起こることは避けられないでしょう。葛藤が表面化し、はっきりと見えてきます。問題が見えてくるからこそ、解決の方法も見えてくるのだということを覚えておいてください。ときには古いテーマが再び表面化してきますが、それは新たな光の次元によって問題がもっと完全に溶け去り、休息に向かうべく動いていくからなのです。

チャネリングの初期にこうした問題が表面化すると、みずからのチャネリングの視点や体験の有効性そして真実味を否定する傾向があります。この段階で疑い、抵抗、批判がもっとも強くなるパターンを私たちは見てきました。あなたのなかのある一部分は、古くて居心地が良く、少なくとも慣れ親しんだ現実に戻ろうとするでしょう。でも、すでに新しいヴィジョンに出会ってしまったら、後戻りして人生のうまくいかなかった物事を受け入れるのはまず無理でしょう。

自分に厳しくしすぎてしまい、すぐに新しいヴィジョンに従って行動を起こしたり、そのとおりに生きられないからと言って自己否定してしまうこともあります。自分に優しくしてあげてください。どんなものにもやってくるべき時期というものがあります。この段階を通過している時、意志の力がまったくないと自分を責めてしまう人もいます。人生でやるべきことを自分はもっと実現していてもいいはずだと思うこともあります。あるいは自分には決断力がないと思ってしまうこともあるようです。高い領域を体験すると、痛みや否定性に抵抗力がなくなったり過敏になることもあります。この時期は、密度の濃い自己探究の時期だということを覚えておいてください。あなたのパーソナリティは、新しく可能性のある現実と今の人生を比較して欠けているものを見てしまうのです。

チャネリングの能力が開いたら、すべて変わるはずだと思っている人もいます。彼らは今の状況、スキル、強さ、弱さを考慮しなくとも、何でもできるようにならなければならないと思っているようです。しかし現状のなかで、まだやるべきことがあるのを発見します。エネルギーが急激に高まって、一度に色々なことを人生に取りこんでしまう人もいます。たくさん計画を立て新しい企画を引き受けて、色々な事に関わりを持つようになります。時間とエネルギーが過剰にあるので、こうした時はエネルギーをあちらこちらに分散させるよりも焦点を絞る必要があることに後になって気づきます。

程度の差こそありますが、私たちはスピリチュアルな道を歩む人ほとんど全員が、このような問題と向き合ってきたのを見届けてきました。これはチャネリングに限った問題ではありません。自分のパーソナリティを超えて超意識的現実に向かって開き、さらに高い次元とつながろうとする時には誰でも経験することです。

チャネリングは待ち望んだ変化を人生で実現する助けとなってくれます。

この段階を通りすぎると、ときとして創造性とインスピレーションの爆発が起こります。それは行動、完成、完結、望みを現実化させる時期です。まず喜びから自分を遠ざけている物事を取り除くことから始まります。すでに色々なことを手放してきているでしょう。それでもまだ上機嫌な時、自信満々な時、不安な時など、様々な気分の変化や揺れを感じることもあるでしょう。大部分の人は、より活力にあふれ自分自身の人生を生きている感覚が持てるようになるでしょう。全体的にあなたは生き生きとして、人生が自分の手のなかにあるように感じているでしょう。この段階で、あなたは内なるガイダンスへの信頼を確立し始め、他の権威に頼るのをやめていきます。一夜にして成るものではありませんが、この段階を通りすぎると自分が色々な面で強くなっていることに気づくでしょう。それは引越のようなものです——古い家具は包装され箱詰めにされていて、新しい家具はまだ運ばれてくる途中です。古いものが去り、新しいものが入ってくる時には混乱が生じるものです。でも、後ですべてがあるべき場所に収まると、とてもいい気分です！

❖ 疑いを友とする

オリンとダベン

チャネリングが真実かどうか疑いを抱くことはよくあります。「私は本当にチャネリングできているのでしょうか」とか、「ガイドは本当にいるのですか。それとも私の想像でしかないのでしょうか」といった質問は、はじめて能力が開く時によく出てきます。一般的に、疑いは防御のための装置で、どんな情報を取りこむべきかを選択するために両親や社会からあなたが受け継いできたものです。注意深く周囲に気を配り、物事の善し悪しを識別できるように教えこまれてきたのです。疑いは何かに深く入りこむ前に、それが入りこむ価値のある安全なものかどうか十分に調べるための友となります。

スピリチュアルな目覚めの段階で疑いと遭遇したら、それをコントロールする方法がいくつかあります。チャネルが開いた後になぜ恐れが出てきたのかを理解すれば、恐れとどうつき合っていけばいいか理解できます。ハイアーセルフが活性化すると、ロウアーセルフもまた活性化します。ここで「ロウアー*」という言葉を使っているのは、宇宙のより高く創造的な知性とまだつながっていない、十分に滋養を与えられ愛されていないと

＊ロウアー……低次の

感じている部分を表現するためです。

自分のパーソナリティが様々な部分から成り立っているとイメージしてください——賢い部分、疑っている部分、自信に満ちた部分、愛にあふれた部分、権力を持つことを好む部分、何をすべきかを指示されるのが好きな部分など。あなたのなかの異なるすべての部分が相互に微妙なバランスを保っています。どの部分も、それに対してバランスを取る部分を持っています。たとえばだらだらとずっと遊んでいたい自分が、保守的で勤勉に働こうとする自分とバランスをとっています。

あなたのなかのある部分は早く成長することを望んでいますが、他の部分は安定を好み変化を望んでいません。チャネリングをする時、早く成長したいと望んでいる部分が力を得ます。結果としてあなたは、地に足をつけ安定させている「安全を愛する自分」とのバランスを崩すことになります。この「安全な自分」は、成長する部分が力を持ちすぎて物事がコントロールできなくなり、あまりにも急激に色々なことが変化するのではないかという恐れを持ち出すことによって、あなたを保護する役割を果たしてきました。この防御的な部分が抵抗を生み出し、あなたがより高いところへ行こうとする努力を妨害します。それは疲労感や疑いを生じさせたり、忍耐不足に陥らせるなど、あの手この手を尽くして進歩を遅らせようとします。

疑いは助けにもなってくれます。

ときに疑いは進歩を遅らせ、あまり頻繁にチャネリングさせないようにして、パーソナリティが適応し統合を行い、人生に起こりつつある様々な変化についていけるように時間をかせぎます。あなたは自分に合ったペースで成長していきます。いっぺんにたくさんの光を取りこんで、自分に合ったペースよりも早く成長したいと思うこともあります。たくさん光を浴びすぎた時肉体がどうなるか、十分な日焼け対策なしに何時間も日光浴して日焼けした経験を思い出してください。徐々に光に慣れていき、内側の様々な部分すべてがそれに適応する時間を取ることがベストです。チャネリングをすると、人生により多くの光が取りこまれます。それは優しく、安全なプロセスにもなりえます。疑いはブレーカーのような役割をして、あなたの電気回路がいっぱいになってしまうのを防いでくれます。チャネリングをやりすぎて「ペースを落としなさい」というメッセージにまったく耳をかさなかったら、疑いがやってきてペースを遅らせるでしょう。

これ以外に後二つ、チャネリングによってバランスをくずされ、元に戻ろうとしている「パーソナリティ」があります。一つのパーソナリティはガイドを信頼して、チャネリングをサポートする役目をしてくれます。このパーソナリティは、ご存知のように現実を超えて旅することを好みます。もう一つのパーソナリティは、「私は見えるもの、触れられるもの、感じられるもの、味わえるもの、聞こえるものしか信じない」と言います。この「本物の証明がほしい」パーソナリティがチャネリングの過程で活性化していくのです。ガイドが本物だという証拠を欲しがり、内側に葛藤を生み出します。そして、あなたのなかにチャネリングやガイドが本物かどうかという疑念を生じさせます。この葛藤は、自分が信じているものや想像力を拡大する能力を試すような情報を取りこんでいる時に起こってくるでしょう。また単純で、現実的なガイダンスを取りこんでいる時にも起こりえます。

あなたは自分が高次元の領域とのつながりを持ったと確信できる、驚くような情報をガイドに求めています。でもこちらがそうした情報を送ると、あなたはそれを自分でつくり上げたのではないかと思いとまどってしまいます。そしてごく普通のシンプルなアドバイスを与えると、「これは何かの本で読んだから、前から知っていた」と思ってしまいます。私たちの現実を理解してもらうのは難しいことです。合理的マインドが、私たちが言ったことをすでに自分が知っていたこととして何でも片付けてしまうからです。私たちには、あなたがどんな体験を通過しているのかがわかります。あなたが私たちを本物かどうか疑っても、別に気分を害したりしません。こちらからは愛と慈悲を送るだけです。もしその愛の片鱗でも感じたなら、私たちがあらゆる方法であなたをサポートしているのがわかってもらえるでしょう。それに私たちは善し悪しを判断したり間違いを探したりしません。

チャネリングに疑いを抱く原因としては、自分自身への疑いを持っていることが考えられます。自分自身の内側のメッセージを信頼することに慣れていなかったら、自分のチャネリングを信頼するのも難しいでしょう。どちらも内側からやってくるものだからです。自己欺瞞《ぎまん》にワークする最良の方法としては、自分自身の内側のメッセージを信頼し、それに従い、物事がうまくいった経験を思い出してみることです。もし疑いで悩んでいたら、この練習を続けてみてください。続けていくうちに、本当にチャネリングできているのだという小さな確信を手にしていくでしょう。もしチャネリングするほうにエネルギーが向かわず、その日やその週にチャネリングするのが正しくないと感じたら、その深いフィーリングを尊重してください。あなたがあまり早く開花してしまうのを、何かが阻止しようとしているのかもしれません。

様々なサブパーソナリティとの内的葛藤に向き合っていると、以前自分が経験したことのあるパターンに出くわすでしょう。以前はそのパターンを「高次元のものではない」がどこかリラックスできるものとして分類していました。この時期は、自分の内側の抵抗と様々な方法で向き合うことになります。人によってはテレビを見てぼんやりと過ごし、何もせずにそのことを放置してしまいます。エクササイズのプログラムをやめたり、過食や乱食におちいったり、古く慣れ親しんだ現実にしがみつくなどあの手この手で抵抗します。まるで後戻りしているかのように感じるでしょう。拡張していく意識を一時的に打ち消すために、色々な方法に走るのです。より多くの睡眠が必要になる人もいます。しばらくはチャネリングや成長のワーク以外のことなら、何でも他のことがしたいという人もいます。古いパターンが再び戻ってきても心配しないでください。「安全を愛する」「自分は変わりたくない」パーソナリティが、古いバランスに戻ろうとしています。それを変えようと行動を起こす前に、しばらくは古いパターンが出てくるのを眺めていてください。これはチャネリングだけでなく、どんな過程においても、偉大なる光の次元に向かって開いていく時にはありがちなものだと覚えておいてください。

自分が本当にチャネリングしているかどうか疑いを抱いているなら、疑いに新たな役割を与えてください。あなたのなかの疑いの部分に、自分のチャネリングを観察してメッセージを正確に伝達しているか、高次元のガイダンスを受け取っているか確かめてくれるようにお願いしてください。受け取った情報を利用することができるかどうか、自分自身に問いかけてください。疑いをコントロールする時一番肝心なのは、疑いによって喜びから遠ざからないようにすることです。

自分が変化していくことに抵抗し、疑い、恐れている部分に名前をつけてみましょう。それに話しかけてみてください。「私のために何か良いことをしてくれるのですか」と問いかけてみてください。その意図は、過去に現実をとらえていた視点からあなたを引き離さないためであることが往々にしてあります。「現実の」世界で、あなたが影響力を持つことが大事なのです。あなたが自分のサブパーソナリティが活性化するのを押しとどめたいと思っているのは確かです。代わりにあなたはそのサブパーソナリティに対して、自分がどんな存在になろうとしているのか、新しくより高いヴィジョンを示し、そこへ到達するために何らかの役割を担ってほしいと思っています。サブパーソナリティに「チャネリングを利用し、現実的なことを単純な方法で解決するために協力してほしい」とお願いしてみてください。

より良いチャネラーになるために、疑いをポジティブな力として利用しましょう。

疑い、抵抗、恐れの声を、光の領域まで引き上げるには、必要以上にそれらに気を取られないことです。それを悪いことと決めつけたり、怖がったり、自分をストップさせてしまうほどのパワーを与えないでください。疑いが「私は本当はチャネリングしていない。そんなに素晴らしい仕事をしていない」と言ったら、それをやめて、「そう言っているのは誰ですか。何を望んでいるのですか」と質問してください。この声を、もう一度証明がほしいとせがむ子供のように扱ってください。疑いを持つのはかまいません。もっとも優秀で経験豊かなチャネラーでも、大方は疑いの時期を通過してきています。あなただけではないのです。

新しいチャネリングの次元に到達したり、スピリチュアルな目覚めの別の次元に到達する時には、チャネリングの経験を積んだ後でも疑いが頭をもたげてくるでしょう。優秀なチャネラーになる人とそうでない人との違いは、疑いが引き止めようとする声に負けずにチャネリングを継続することができるかどうかにあります。「どうやったら上達できますか」と質問をする人たちは、疑いをポジティブな力として利用しています。彼らはより良好で強いガイドとのつながりを持とうとしています。疑いは、あなたを妨害しようとしているのではありません。むしろ古い世界観とチャネラーとしての新しい視野とを統合する道を求めているのです。ひとたび疑いに新たな役割づけをすれば、妨害というよりはむしろ前進の助けになってくれます。

サネヤ

チェーンストアのオーナーをしている男性が、チャネリング能力が開いた後にオリンのリーディングを受けにやってきました。彼はチャネリングをしてうまく情報を伝えていましたが、その源についていつも疑っていて、自分がでっち上げているのではないかと気にしていました。彼は「チャネリングは仕事や社員のことについてまったく新しい視点を与えてくれて、新しい次元で内なる平和を与えてくれました」と語っています。本気で疑いを手放したいと願っていたので、オリンは彼のなかにある疑いに語りかけてみるように勧めました。

すると彼は自分の強くて、現実的な部分が恐れを感じていることに気がつきました。それは今まで仕事を成功に導いてきた部分でした。この部分が新たに出現したどこかの果てまで行こうとしている挑戦的な部分に、コントロールを奪われまいとしていたのです！

彼は自分のなかの疑いを抱いている部分にこう頼みました、「チャネリングが現実的なことに役立っているかどうか、自分がガイドの情報を正確に翻訳しているかどうかチェックして、注意深く見守っていてください」と。疑いを抱いている部分は、この新たな役割を喜んで受け入れ、恐れは去っていきました。オリンが彼のガイドに「この出来事について何か話してあげてください」と言うと、ガイドはこう聞き返してきました「これはあなたが話しているのでしょうか、私が話しているのでしょうか。この心配はずっと前に消え去り、それほど問題ではなくなりましたね。自分のマインドに、疑いよりも受け取った情報のほうに焦点を当てるように言ってください。何か使える情報を本で読んだとしても、それがどの権威に属するものか気にかけることはあまりないでしょう。その情報が自分の内なる真実と符合すると思うからこそ受け入れられるのです。チャネリングも同じように考えてください」。この出来事、そして疑いに対して初期のうちに取り組んだことがきっかけで、彼はチャネリングを続け、頭に残っていた疑問を手放すシフトを経験することができたのです。

❖ チャネリングは単なる想像の産物でしょうか？

オリンとダベン

チャネリングでガイドを頻繁に呼び出していると、想像力が拡大していきます。自分の想像力を信頼するように教えられてきた人はどれほどいるでしょう。一般的に想像力は信用できないもので、科学的な事実で証明できるものだけが信用できると思われています。それでも偉大なる科学的発明は想像力に源を得ています。

自分の想像力を信頼し尊重しましょう。

アルバート・アインシュタインは、相対性理論を「つくり上げ」ました。そして、それが数学的に可能であることを証明しました。トーマス・エジソンは、電球や写真を「つくり上げ」ましたが、じつは彼らを現実に完成する前に心のなかで見ていたのです。心のなかで見た画像を強く信じていたので、他のみんなに「そんなものは不可能だ」と言われながらも、何百回となく電球をつくり直しました。現実世界に存在するものは、現実化する前に想念として存在しています。

自分の想像力がどれだけ豊かなものか理解できるでしょうか。想像力は、あなたを別の宇宙へとつないでくれます。それは時間のなかで、あなたを前にも後ろにも連れて行ってくれます。あなたを高次のマインドにつないで、焦点を置いたものを何でも創造します。想像力は肉体を離れて旅するのを助けてくれます。あなたが望めば、意識を投射し想像力を使って離れた場所の風景や人々を見ることもできます。想像力が開いていくと、複数の現実のなかへ旅することができます。物質を超越するのは想像力です。それはあなたが持つ可能性のうちでもっとも高いものの一つです。それはヴィジョンと夢と通常の気づきを超えた意識の視野を与えてくれます。

ただ自分でつくり上げたような気がするからといって、それが本物ではないということではありません。現実は内側から始まります。はじめてチャネリングを体験する時は、想像力を使っているように感じられるかもしれません。想像はマインドよりも高い波動を持っていて、より物理的現実の限界や構造に縛られません。想像はマインドから見たら不可能な普通ではないような思考を持ち続けることができます。想像は高次元の現実へ向けての試金石です。チャネリングを続けて、ガイドのメッセージを表現するために想像力を使ってください。そのうち自分がもっともっと深遠で、広範な情報を伝えていることに気づくでしょう。

❖ 肉体との新しい関係

オリンとダベン

チャネリングして高い波動に身をゆだねると、肉体の分子や細胞の構造が変わり始めます。文字どおり細胞により多くの光を取りこむようになります。ある種の食物が異常に欲しくなったり、食習慣を変えたいという欲求が湧いてくるでしょう。チャネリングの能力が開いた後、何カ月も解放と浄化の過程が起こることがあります。ボディワークが受けたくなったり、エクササイズや栄養補給のやり方を変えたいという欲求もまた湧いてくるでしょう。もっと屋外へ出たいと思うようになるかもしれません。肉体の持つ大いなる気づきを得るかもしれません。嗅覚が優れ、触覚が敏感になっていることを発見するかもしれません。肉体の持つ大いなる気づきを得るかもしれないし、メッセージを聞き取ったり理解する能力が高まっていることに気づくかもしれません。変化は人によって様々です。体重が増える人もいれば減る人もいます。人生におけるたくさんの物事と自分との関わりが再定義されていきますが、それには肉体も含まれています。

チャネリングしていると、肉体により多くの光が取りこまれます。

高次の波動のなかを旅する時、肉体がそれについていけるかどうかは重要です。あなたは肉体の状態とスピリチュアルな状態が、調和し、整合していたいと思うでしょう。これにはダイエットやエクササイズのプログラムはありません。その代わりあなたの内側の欲求に従い、ガイドに助けを求めることをお勧めします。

オリン

何年も前にサネヤが最初にチャネリングを始めた時、食生活を完全に変えることにしました。砂糖、アルコール、肉、カフェインをやめて、健康食品だけを食べ始めました。彼女が座って私にアドバイスを求めてきた時、ユーモアをまじえてこう答えたものです、「あなたのいる波動のなかで五年かかることを、一晩で達成しようとしているのかと思いましたよ」。食生活とエクササイズを劇的に変えることで肉体的波動が変化し、その新しい波動に合うような形が外の世界にはなくなってしまいました。サネヤの活動、友人、時間の過ごし方は、すべて彼女の肉体的波動に合っていました。ガイドとして内側の現実と外側の現実との分裂が大きすぎると、古いものが強まる傾向があるのを見てきました。サネヤはそれでも健康食品のダイエットを続けましたが、二週間で不安定で不快な感じに陥りました。自分の外側の生活で、もう何も「正しい」と思えるものがなかったのです。

二つの選択肢がありました。外側の生活に劇的な変化を生み出し、何もかも根こそぎにしてしまうか、古い習慣に戻るか。私は愛情いっぱいにこう言いました、「古い習慣に戻っても、失敗だと思わないでください。一つずつ変えていって、体に愛情を持って優しくしてあげてください」。それから七年経ちましたが、日常習慣はほとんど高い次元を反映したものに変わりました（まだチョコレート好きは認められているようですが）。一歩ずつ、変化は楽にゆるやかに成し遂げられていきました。あなたが彼女と同じ変化の道をたどる必要はありません。一人ひとりの肉体は違うのですから。

ダベン

デュエンは自分が高次の波動を受け止めるには、食生活を変えるよりもエクササイズや直接のエネルギー・ワークが有効であることを発見しました。肉体的エネルギーをコントロールし、飲んだり食べたりして体に取りこんだ食物を波動と調和させるために、私たちのワークを利用する方法をどんどん見つけていきました。調和することによって、彼は食生活を変えることなく肉体を進化させることができました。正しい方法は一つだけではありません。自分にとって正しいものは何かを発見してそれに従ってください。

オリンとダベン

必ずしも習慣を捨てる必要はないということを覚えておいてください。生活のなかで表現される物事のあり方を変えていくだけでいいのです。砂糖がどうしても欲しい時は、愛情への欲求が満たされていないのかもしれません。砂糖をやめようと意志の力を使うよりも愛情を求めてください。タバコを吸いたいという欲求は、もっと深く呼吸したいという願望の表れかもしれません。もしかしたらタバコを吸うことが、深く呼吸するのに一番いい方法だと発見したからかもしれません。だから単純にタバコをやめようとしないでください。深い呼吸ができるように気を配ってみてください。自分の習慣を、より高い表現として向上させることができます。習慣は常に何かポジティブなものを与えてくれます。習慣を悪いものにしてしまうよりも、より高い表現にするためのガイダンスを求めてください。いったんより良い習慣のあり方を見つけたら、古い形は落ちてなくなります。

私たちがやっているエクササイズに、時計をイメージする方法があります。正午十二時がスタート位置で、六時は中間地点、深夜零時が一番高くもっとも進化した位置です。目を閉じて、心のなかに時計をイメージしてください。進化の段階と時間を等しいとすると、自分の肉体は今何時頃でしょう。感情的な成熟は何時頃でしょう。精神的な成長は何時頃でしょう。スピリチュアルな進化は何時頃でしょう。三～四時間以上差がついているところがあるかどうか注意してみてください。肉体は四時で、精神的自己は九時といったところでしょうか。人生にバランスと調和をもたらしたいと思うなら、次は肉体を進化させてください。

ある女性がチャネリングの能力が開いた後、人生が急速に変わったことに気づきました。何年もずっとやりたかったことを成し遂げたのです――なんと十三キロ半の減量に成功しました！　最初の半年で、ダイエットもせずに減量したのです。ガイドのサポートに従い体のなかにエネルギーをまわすことができるようになりました。おかげで甘い物への欲求を手放し、食欲を減退させることができたのです。「何年ぶりかで、食物が人生を支配していないと感じます」と彼女は語ってくれました。

15章　チャネリングの能力を高める

❖どれくらいの頻度でチャネリングしていますか?

オリンとダベン

ガイドとの強くクリアなつながりをつくり上げるには、どれくらい頻繁にチャネリングしたら良いかとよく質問されます。「頻繁に」とは、週に一回とか一日に数分のレベルを言います。計画的にある期間、一日に何時間もワークするのもいいでしょう。でも、それを何か「そうあるべきこと」とか「しなければならないこと」にしないでください。そのことがいいと感じられる限り、なるべく頻繁に長時間チャネリングをしてください。特に自分自身の内なる喜びに従ってください。より高い領域に開いていくにつれ、自分の内側の深いところにチャネリングしたいという願望があることがわかるようになるでしょう。思うようにチャネリングする機会が持てなくても、意志の力を使えば四六時中いつでも練習を続けることができます。しかし一番いい結果が出るのは、楽しみながら自分に役立つと思うことをチャネリングしている時です。ある人たちによると一度に5分以内、週に三、四回チャネリングを続けると、ガイドとのつながりが強くなり、前向きで現実的なガイダンスを受け取ることができるようになるそうです。

ガイドとのつながりが強く、オープンで受容的でいられる日はメッセージが自在に流れ出し、あなたを啓発するでしょう。ガイドとつながりにくい日もあるかもしれません。受け取ったメッセージがぼんやりと不明確なものだったり、単にメッセージがこないこともあるでしょう。ここでのワークには、たくさんの要因がからんでいます。何日もガイドとつながれないことがあっても、自分を責めないでください。伝達は多様なものです。つながりを持つのが困難な時は、しばらく他のことに注意をそらせてください。場所を変えたり、さらにエクササイズをしたり、睡眠を取る必要があるのかもしれません。少し休憩が必要なだけなのかもしれません。私たちの領域では、時々「磁場の嵐」や障害が起こってチャネリングのつながりを弱めてしまいます。チャネリングするのが困難だと感じたら、別の機会にまたやり直してください。

チャネリングは突然、ある概念、洞察、創造性、明確なガイダンスが流れこんでくる体験です。

リラックスして気づきを高めていると、チャネリングのスペースに楽に入っていくことができます。それは常に自分でコントロールできます。運動やランニングをしている時、シャワーを浴びている時、音楽を聞いている時、ディナーの用意をしている時、テレビを見ている時、祈っている時、瞑想をしている時にも起こりえます。ガイドや自分自身が内側で知っていることにいちばん簡単につながれるのは、リラックスして平和な感じがしている時です。

デュエン

始めのうち私には、ダベンとほんの短時間つながるくらいがベストでした。そのほうがチャネリングの影響で起こる肉体やパーソナリティの変化が、安定して少しずつ増していくので負担にならずにすみました。私はよくテープレコーダーを持ち歩き、ミーティングまで待ち時間があると5分間チャネリングをしたものです。ダベンは以前チャネリングしたテーマについてなら、どんなことでもその続きを答えてくれました。チャネリングを日常的なことに使うと、ガイドとのつながりがより強まることがわかりました。また週に何度か30分くらいのセッションで、科学的なテーマについてチャネリングしました。ときには自分がよく知っているテーマを選び、自分でそのことについて考え、ダベンにそのテーマについて質問してみました。チャネリングをすると、ダベンは新たな視点を与えてくれました。そこから今まで考えもしなかったようなことを学びました。これでガイドとのつながりが強まり、自分のチャネリングが本当に価値のあるものだと信じられるようになりました。

❖ ガイドとのつながりを強める

オリンとダベン

ガイドとあなたのつながりを強めるには、意識的にガイドのことを考えたり、その名前を思い浮かべることです。より多くのガイドの光と愛をあなたにもたらすために、他に何もしなくていいのです。また少しの間、目を閉じてガイドを呼び、ガイダンスを求めて単純にイエスかノーかすぐに答えを求める練習をするのもいいでしょう。これは食料品店でレジに並んでいる時にも、車を運転している時や通りを歩いている時にもできます。時間があれば、いつでも好きなだけ——30秒でも3分でも、ガイドとの関係のエッセンスを取りこむことができます。こうしたつながりは、いつも長いものとは限りません。本格的トランス状態に入らずにガイドと関係を持つ利点は、オフィスにいても会議中でも公衆の場でも、実際どこにいてもインスピレーションやガイダンスが必要とされる時に使えるということです。

チャネリングを続けていくと、新しい次元の知恵につながり取りこむ能力が強まっているのに気づくでしょう。チャネリングの上達を通じて、連続的にシフトを経験していくでしょう。高次の領域にもっと馴染んで、そこを旅しガイドとつながるために波動を拡張させチャネルをもっと開いていくと、より多くの力を純粋なエネルギーの次元で取りこめるようになります。

チャネリングで新たな次元に入ると、すぐ後で神経質になることがあります。経験を積んだチャネラーでもこのようなことはあります。伝達がさらに高い波動で行われるようになると、最初にチャネルが開く時のような過程が起こることもあります。神経質な感じは、普段慣れているよりも多量のエネルギーが肉体に入ってくるために起こります。

チャネリングする時、必ずしも良いムードでいる必要はありません。ただ、あるがままでいてください。

感情的な危機状態に陥っていたり動揺している時でも、ガイドとつながることはできます。しかし、できるだけ良いムードでいるようにしてください。いったんチャネリングを始めると、動揺したままでいるのは困難です。ガイドの視点から見ると、両方の意見が理解できます。その状況から学んでいることも理解できるし、その状況をつくり出したあなたの立場もわかります。このより高くより愛に満ちた視野から見ると、怒りを抱いて心を閉ざしたままでいることは困難です。

❖ 特定の情報を受け取る

オリンとダベン

質問者に情報を絞ってもらったり、知りたいことを明確にしてもらうことで、聞きたい特定の情報を受け取ることができます。たとえば「ジョンについて教えてください」といった漠然とした質問をされた時、多くのガイドはジョンと質問者の関係がどんなものか、彼について特に何を知りたいのか質問を返してきます。誰かが「仕事について教えてください」と質問すると、ガイドは「特に仕事の、どんなことについて知りたいですか」と聞き返してきます。特定の情報を受け取ることができるかどうかは、リラックスして受け取ったエネルギーを信頼する能力があるかどうかにもよります。

ガイドはエネルギーの節約を実践しています。

ガイドはエネルギーの節約を実践しています。物事を単純なやり方で、エネルギーを最少限におさえて行います。仕事のことや質問者のことすべてを見ることはできますが、それを話すのに何時間もかかってしまいます。特に何について知りたいのか質問者に絞ってもらい質問を一つにまとめることで、より早く答えられる上にエネルギーを大幅に節約できます。こうすることで質問者に、自分の本当の問題は何なのか明確にしてもらうのに役立ちます。より詳細で特定の答えを受け取るために良い方法は、質問者からズバリ知りたいと思っていることをガイドにぶつけてもらうことです。

もう一つ要求されるのは、細かい情報を伝達することへの信頼感です。マインドは何度でも侵入してきます。ガイドからとても具体的なアドバイスを受けたのに、間違っているかもしれないという恐れが妨害してしまうかもしれません。これは特定の情報を受け取る時の障害の一つです。チャネリングの情報は常に右脳で受け取って、左脳で伝えているということを覚えていてください。あなたのチャネラーとしてのスキルは、詳細な情報を正確に伝えるために重要なものです。はじめは一般的で不特定の情報を受け取るほうが簡単ですが、練習を積み信頼を育てることで細かい情報を伝えるスキルが上達します。

サネヤ

最初にオリンをチャネリングし始めた時、その情報が人々にとって有用で価値のあるものだと思いました。リーディングを受けた人から寄せられた感想は、私が正確にチャネリングしており、オリンが伝えた人生の目的や方向性についての特定の情報が正しいことを教え、自信を与えてくれました。それでもオリンが時々質問者に詳細な情報を伝えている時、関係性について、新しい家について、次の休暇、その他諸々について私が知ろうはずもありませんでした。私はオリンが質問者に与える答えが細部まで正確かどうか心配になり、時々話すのをやめてしまうこともありました。みなさんがレポートしてくれた人生の目的などに関する一般的なアドバイスと同じく、細かい情報も正確だとわかり、私はオリンが少しずつ信頼できるようになりました。今思うと、自分がなぜそれほど恐れていたのかわかりません。当時の私の視野では答えの細部が正しいか間違っているか判断できなかったので、受け取ったものならどんな答えでも伝えられるようになるまでには、大きな信頼を育む必要がありました。

今ではオリンから受け取ったものを簡単に伝えることができます。情報がとても速いスピードでやってくるので、口に出すまで彼が何を話そうとしているのかほとんどわかりません。メッセージが伝達されてから、その内容について考える余裕もなくすぐに私の声で語られます。私がメッセージの正確さにかなりの信頼を持ち、一文ごとにチェックせずに話せるようになるまで、オリンはこの方法では伝達できませんでした。私はメッセージを追加したり変更することができませんでしたが、話すのを中断して情報を削除することはできました。コンシャス・チャネリングは、無意識でのチャネリングとは逆にチャネリングするたびに学びの機会を与えてくれます。コンシャス・チャネリングもメッセージが流れ出るにまかせて、ガイドのメッセージを正確に伝える責任を持つ機会を与えてくれます。

デュエン

ダベンが最初にやってきた時、私はこう言いました「私は自分の人生の細かい部分までコントロールします。あなたに干渉されたくありません」。ダベンは科学的な情報について伝えるのが驚くほど得意で、地球の変化や一般的理論について話してくれました。数カ月後、私はダベンにビジネス上の決断に関して細かいアドバイスを求めたのですが、答えてくれませんでした。まだダベンとクリアなつながりを築いておらず、人生に関する細かい情報を受け取る能力がないのではないかと心配になりました。六カ月間、特定の個人情報を受け取る努力をした末に、ダベンに何が問題なのか聞いてみました。すると彼は「あなたは以前、私に細かいことや限定的な情報を伝えないように頼みました。私はその指示に従っていたのです」と言いました。私は「気持ちが変わったので、今は個人的なガイダンスや特定の情報が知りたいのです」と伝えました。それ以来、彼は特定の物事について素晴らしいアドバイスや示唆を与えてくれるようになりました。私の体験では、ガイドたちは個人的な境界や要求を尊重します。そして、あなた自身とその人生を尊重するためにあらゆる手をつくします。

❖ ガイドからあなたに接する他の方法

オリンとダベン

チャネリング以外にも、特定の情報を別のやり方で伝達することがあります。私たちは貴重なエネルギーを無駄にはしません。私たちがすることは何でもなるべく楽な方法で達成されます。持てるエネルギーすべてを、最良の方法で使うためです。

ガイドは色々な方法を使って接してきます。

ある情報をチャネリングした後でそれに関する本に出会ったり、誰かがやってきてチャネリングしていた内容に関係のある話をするということもあるでしょう。デュエンとサネヤが地球の変化についてチャネリングしていた時、さらに詳しい説明が必要な部分に出くわすと、それから数日のうちにチャネリングした情報についてさらに詳しい解説があり、内容を明確にし、情報の正当性を証明してくれるような本に出会ったものです。本が必要なデータを提供するので、チャネリングの時間を節約することができました。

私たちから挨拶代わりに虹や特別なクリスタルを送ることもあります。ある時ラジオで聞いた曲の歌詞が、直接ハートに語りかけてくることもあるでしょう。答えを含む夢を見るかもしれません。授業や先生の存在が答えを見つけるのに役立つかもしれません。ガイドは色々な方法を使ってあなたに接してきます。

❖ チャネリングは宝くじを当てるのに役立ちますか?

オリンとダベン

数字を当てたり予知をする能力や超感覚的能力は、チャネリングとは異なるものです。「チャクラ」と呼ばれる七つのエネルギー・センターがあります。七つのチャクラは部分的に肉体に根ざしています。第一チャクラは背骨の基底部に、第七チャクラは頭頂に、他のチャクラはその中間にあります。サイキックなセンターである第六チャクラは、「第三の目」と呼ばれていて眉間《みけん》に位置しています。サイキックな能力は第六チャクラ、あるいは第三の目を使うことによって生み出されます。チャネリングでは「クラウン・センター」と呼ばれる第七チャクラからガイダンスを受け取ります。第七チャクラは、スピリチュアルな目覚めに関係しているので、ここが開くと高次元の領域への架け橋が築かれます。第七チャクラはまた想像力、ファンタジー、ヴィジョンも司っています。だからチャネリングのスペースにいると「情報をつくり上げている」ように感じるのです。より高い目的についてガイダンスを求め、人生を豊かでパワーに満ちたものにするためにチャネリングを行うとこのセンターは開いていきます。高い理想を生き、責任を持ち正直でいながら、自分の行いすべてに高潔さを反映させてください。

良いチャネラーになるために、サイキック能力を向上させる必要はありません。

第六チャクラ、つまりサイキック・センターは、透視、予知、テレパシー、遠隔透視（肉体的に離れている場所の物事を見る能力）やそれに類似する能力と関係しています。チャネリングをしていくと、サイキックな能力が目覚めてくるかもしれませんが、クラウン・センターのほうを開くようにしてください。そこはスピリチュアルなセンターであり、あなたが主に焦点を当てるべきところです。テレパシー、透視、直感といったスキルは、チャネリングしているうちに上達するかもしれませんが、チャネリングを学ばなくても上達させることができます。

サネヤとデュエン

ガイドの力を競馬の勝ち馬やルーレットの番号を当てるために使っている人を何度も見てきましたが、めったに当たりません。ガイドたちはこう言います、「高次元のガイドは、スピリチュアルな意味であなたを豊かにするためにいるのであり、ギャンブルでお金を儲けることにはまず関心がありません」と。手に入れたお金を良いワークに使っている人たちでさえ、お金はスピリチュアルな冒険を通じてやってくるもので、サイコロでいい目が出たりルーレットでいい数字が出るということからでは得られないと知っています。

チャネリングは高次の領域へつながるものであり、サイキックな能力を伸ばすよりも、より高次元のガイドとつながることに焦点を当てることが一番です。サイキックな能力は時期が到来し、それがあなたにとってスピリチュアルな価値のあるものであれば出てきます。スピリチュアルな道に従っていけば、経済的にも豊かになるでしょう。

❖ガイドを変えることはできますか？

サネヤとデュエン

チャネリングの初期にあるガイドがあなたとワークをし、後から別のガイドがやってくることは珍しいことではありません。より高次のガイドとつながったり、同じガイドのより高次の部分とつながったり、あなたの方向性が変化したためにガイドが変わることもあります。別の種類のガイドとワークをする時期がきているのかもしれません。それまでワークをしてきたガイドが不適当だったというのではありません。そのガイドはより高い波動を持つガイドのエネルギーを、あなたが肉体的、精神的、感情的に受け取れるようになるまで中継役をしていてくれたのかもしれません。異なる専門知識を持つ複数のガイドと同時にワークをする人もいるでしょう。

新しいガイドにはじめて出会う時には、色々な方法があります。トランス状態がいつもより浅かったり深かったり違う感じがするかもしれません。声の調子も低くなったり深くなったり、アクセントが変わるかもしれません。ガイドとのコミュニケーションも、以前とは異なる性質のものになるかもしれません。ガイドが以前よりもっと賢くて、より大きな視野を与えてくれるかもしれません。

ある夜、何年も同じガイドをチャネリングしていた女性が、新しいガイドを取りこんでいることに気づきました。この新しいガイドの波動はとても高かったので、周囲にいる人たちはみんな深い洞察を得て、内側で多くのシフトを体験しました。チャネリングの後、彼女は慣れ親しんだガイドに「私は新しいガイドをチャネリングしたのでしょうか」と聞きましたが、その答えは「いいえ。あなたは同じガイドのより偉大なる部分をチャネリングしていたのです」というものでした。それまでこの部分をチャネリングできなかったのは、始めの頃、広がっていく感覚と共にやってくるパワーすべてに彼女が抵抗していたためでした。

私たちのコースでガイドのチャネリングを学んだ人の約十パーセントが、最初の一年でガイドを変えています。その多くは、始めに自分が受け入れたガイドと永遠につき合うわけではないと感じていました。定期的に練習を積みながら、数カ月後にシフトに気づいた人たちもいます。それは落ち着かない感じや、チャネリングした内容への欲求不満で始まります。情報の次元は、もう彼らの手の届かないものになってしまったようです。ほとんどの人が、新しいガイドがやってくる時、何かが違うと予感しています。新しいガイドがいるかどうかわからなかったら聞いてみてください。ガイドがみずから何者で、何が起こっているかを語ってくれるでしょう。

ある女性が、自分の新しいガイドについて興奮しながら話をしにやってきました。彼女は最初のガイドとのやり取りを楽しんでいましたが、つながりが弱いと感じていました。ガイドそのものの信憑性についても、まだ多くの疑問を抱いていました。コースを修了した人たちと、定期的に集まったりすることもありました。ある夜トランス状態に入ると、突然響きのある強い感じの男性の声が出てきました。それは自分が彼女の新しいガイドであることを告げ、一緒にワークを始める時がきたと告げました。そして次なるステップについての明確なアドバイスを与えました。それはとても簡潔で楽しい、しっかりしたアドバイスでした。みんながそのガイドを愛し、以来ずっと彼女と共にいます。彼女は自分のリーディングの能力にわくわくしていました。古いガイドは去りましたが、新しいガイドと出会うための扉を開く役割をしてくれました。

ダベンはよく他のガイドに手伝いをしてもらいます。ダベンはデュエンのエネルギー・ワークやボディワークを手伝い、科学的な事柄について話をするのが好きです。彼は声とエネルギーで人々を心のなかで別次元への「旅」へ連れて行き、そこで新しい体験をさせることができました。しかし、ある特定の情報を求められると、ダベンは自分の「フィルター」と呼んでいるガイドを呼びました。ダベンもそのままそこにいて、エネルギーを操っていましたが「フィルター」役のガイドがデュエンに情報を伝えてきました。

❖ 他の人と同じガイドをチャネリングする

オリン

よく「複数の人が同じガイドをチャネリングすることはできますか」という質問を受けます。あるガイドは複数の人を通じてやってきて、チャネリングする人によって微妙に声の調子やメッセージが違います。たとえばミカエルのグループをチャネリングしている人たちは、全員「ミカエル」をチャネリングしていると言いますが、じつはそれは千個もの存在を含む高次の集合的意識体なのです。

オリンをチャネリングしていると思っている人はたくさんいます。確かに私は複数の人を通じて降りてきていますが、自分のことをオリンとは呼びません。オリンはいわば「アイデンティティの周波数帯」で、サネヤを通じてやってくる時に自分のエネルギーを呼び表すために使っている名前なのです。みなさんのなかにも同じ名前の人がたくさんいるように、別のガイドが「オリン」という名前を使うこともできます。

私たちはより大きな集合的、あるいは多次元的な意識の一部です。より大きな全体の一部であるにも関わらず、みずからを個人として認識しています。あなたが成長して魂と一つになり、多次元的意識のなかへ入っていってもまだ個体としてみずからを認識するでしょう。あなたが自分を呼んでいる「私」という名称は、さらに大きなアイデンティティを含むようになります。ちょうど子供の頃よりも、今のあなたのほうが大きなアイデンティティを持つのと同じように。

私と同じようなことを感じ、同じような話題を語るガイドは他にもいますが、その場合彼らは私と同じ現実、あるいは同じレベルの多次元的現実からやってきています。私や他のガイドたちは、ある振動数もしくは波動の周波数帯を放射し、同じ愛と平和のメッセージを担っています。私たちの個別の差異はとても微細なものなので、通常のエネルギーを認識する能力を超えたところでしか区別がつきません。ですから意識と気づきを相当に拡大しない限り、あなたにはその差異がわからないでしょう。

❖ チャネリングの能力はなくなるでしょうか？

オリンとダベン

チャネリングのスキルやガイドとのつながりは、一度成立したらこちらからやめようと思わない限り停止することはありません。しかし、つながりの形式が変わることはありえます。人生において短期間あるいは長期間、チャネリングをストップする時期もあるでしょう。様々な理由でチャネリングをストップする選択をした人たちのほとんどが、また始める準備ができたと感じた時に再開しているのを見てきました。

ガイドとあなたの関係が、状況によって部分的に変わることもあります。健康上の重大な危機に遭遇した人は、一時的に口頭でつながれなくなることがあります。その理由の一つは、私たちとつながるにはエネルギー・ボディにある一定レベルの調和が必要だからです。病気をわずらっている時は、口頭でチャネリングするのに必要な調和の状態を維持することができません。私たちはけっして愛や保護を引っこめたりはしません。口頭でのつながりが減るだけです。健康を回復したら、口頭でのつながりは今までになく強いものになるでしょう。

そうするのがあなたにとって良い時にだけ、口頭でのつながりをひかえます。

チャネリングが一時的に止まるもう一つの理由は悲しみです。喪《も》に服している人や愛する人を失った人、どんな理由にせよ悲嘆にくれている人は、口頭でつながるのが不可能とは言わないまでもメッセージを受け取るのが困難になるでしょう。嘆きと悲しみは、とても強烈な感情です。一時的な悲しみの感情がつながりの障害になることはありませんが、悲嘆はあなたのシステム全体にショックを与え、口頭でつながるのに必要な調和を取り戻すには時間がかかるでしょう。強い感情は、あなたの周囲を取り巻く雲の層のような働きをするので、私たちがそちらの世界へ到達しにくくなってしまうのです。あなたが悲嘆にくれている時、私たちはマインドに語りかけることはできますが、肉体まで全部入っていくことはまずできません。その代わりに友だちを送ったり、ある出来事を起こしたり、あなたを癒してくれる情報を伝えることがあります。

16章　チャネラーとして世に出る

❖協力的な友だち……成功への一つの鍵

サネヤとデュエン

　数多くの有名なチャネラーがその能力を上達させる過程で、最初のうちは協力的な友だちに囲まれながらチャネリングをしていました。これはとても大事なことです。温かく個人的なつながりのある環境は、冷たく客観的で批判的な環境にいるよりも、目覚めとチャネリング能力の開発を促進してくれるものです。始めのうちはチャネリングを基本的に信頼している人を相手にリーディングし、チャネリングの信憑性を説かなければならないような人のリーディングはしないでください。ニューエイジ系のセンターや団体を訪ねれば、チャネリングに理解を示す人たちに出会えるでしょう。

未熟なまま一般の人々の前に出ていくと、特にチャネリング能力に自信が持てないうちは問題を引き起こしがちです。経験の乏しいチャネラーの場合、周囲の人々の疑いや恐れを強く感じてしまうので、ガイドとのつながりが遮断されてしまうのです。初期の段階でまだリーディングが完全だという自信が持てないうちに、他人の批判を受けるのは過酷なことです。

チャネリングや自分のガイドが大好きなある女性がいました。しかし、「夫から欲しいものを受け取っていない」という友人のリーディングをした時から変わってしまいました。デュエンはコースの最中、チャネリングしているその女性のオーラのなかにガイドがいるのをはっきりと見て取りました。女性のガイドはその友人に対しきわめて誠実に情け深い調子で、「夫が自分の望むとおりに行動するのを期待せずに、あるがままを受け入れるべき時です」と告げました。そして優しく愛情に満ちて「犠牲者になるのはもうやめて、求めているものを自分の力でつくり出す時がきました。素晴らしい幸せな人生を、自分でつくる力があなたにはあるのです」と言いました。するとそれを聞いた友人は「チャネリングのメッセージはあなたの人格から出てきたもので、ガイドのものではないわ」と言ったのです。まだ自分の能力に対する自信が完璧ではなかったので、彼女はひどく気持ちを打ち砕かれてチャネリングをやめてしまいました。他の人の懐疑的態度が、自分のなかの疑いをすべて表面化させてしまったのです。再びチャネリングを始めるまでには数カ月もかかりました。最終的に彼女は、その友人が自分が権威を持つ側に立つという新たな役割に恐れを抱き、犠牲者でいる古いパターンを手放す準備ができていなかったことに気づきました。チャネリングを始める前は、ただ「悪い」夫のことで友人に同情するばかりだったのです。チャネリングを始めて、それがすべて変わりました。ガイドは友人の文句を聞くよりも、より幸せで充足感のある人生を送ってもらうほうに関心を持っていました。友人がなぜそのような反応をしたのか理解できた時、彼女はチャネリングを再開しました。その人が自分のチャネリングを疑うことによって、贈り物をしてくれたと理解できたのです。疑いに直面し検証してみることで、より強く明晰なチャネルになることができたからです。

ボストンからやってきた魅力的で高収入を得ているビジネスウーマンは、チャネリングしたいという強い願望を抱いていました。しかし、それは友人に話せるようなことではないと思っていました。コースで彼女は、ガイドを呼んでは他の人たちにとても上手にリーディングをしていました。コースを終えて帰る頃には、チャネリング能力にとても自信を持っていました。ところが家に戻ると、夫は彼女が愚かだからこんなものを学んでいるのだと思い、ほとんど口をきこうとしませんでした。友人も、彼女が外国語でも話しているかのような目で見ていました。ガイドをチャネリングする話をすると、精神的に不安定なのではないかと疑う人もいました。

彼女は何度か電話をかけてきて、みんなの疑いに直面しガイドとのつながりを維持するのが困難になっていると伝えてきました。オリンは「たとえ周囲の人たちが自分のやっていることを信じてくれなくても、あなたは自分への信頼を育むことを選択したのです」と励ましました。また彼女が人生において、たとえ他人に批判されてもうまく成し遂げてきたことがたくさんあったことを指摘しました。そして自分のチャネリングを支持してくれる人たちに会うように勧めました。

数カ月後、彼女は電話でこう言いました、「地元のメタフィジクス関係の本を置いている店で受講したいクラスを見つけ、自分の人生の新しい部分について語り合える友だちが何人かできました」。夫はまだチャネリングに何の価値も認めていませんでしたが、あからさまに敵意を示すことはなくなりました。彼女はまだ仕事中心の人生を送っていました。しかし、周囲の非難や冷淡さに直面しても、自分が信じるものを続けていくことはとても大きな挑戦であることに気づきました。オリンは、仕事の世界にとどまりたいのか離れたいのかを明確にし、人生の夢だった本を著したいかどうか自分の気持ちを確かめるように促しました。それは難しい決断でした。本など書けないのではないか、仕事をやめられないのではないか、夫の激しい反対にあうのではないかと彼女は不安がっていました。

一年後、再び電話がかかってきました。彼女は仕事をやめて、本を書いていることを伝えてきました。チャネリングのおかげで本を書く勇気が湧いてきた上に、書いているうちに驚くようなことが起こったと言うのです。入手困難と思っていた調査資料がたくさん手に入り、夫は驚くほど執筆に協力的で、原稿料の支払いも継続しています。もう他の人の言うことに惑わされなくなり、彼女は人生を情熱的で幸せに生きています。新たな信頼と自信が、自分のなかに湧き起こってくるのを感じています。本を完成できるかどうか未だに疑っていて、自分が求めてきたものを手に入れられることが信じられないようですが、こうしたことは時間とともに消え去っていくのはわかっています。

他にみなさんがつまずきやすい問題として、チャネリングを学んだら一夜にしてプロになれるとか、問題がすべて解決するという思いこみがあります。ある若い女性がチャネリングの能力が開く直前に困難に直面しました。急に体重が増え、ボーイフレンドと別れたのです。でも今は、それが物事が変化していったために起こったのだと理解しています。その時彼女はまだあまり自信が持てないようでしたが、体重が減り始め体のケアをするようになりました。オフィス・マネージャーとして働きながらプロになるか、友だちにチャネリングをしながら自分の道とより高い人生の目的を見出そうとしていました。そして今の仕事が一時的なものであり、本当のスピリチュアルな道を見つけた時に終わると感じていました。チャネリングを学ぶことに非常に情熱的で、自分にはガイドがこないのではないか、ガイドとつながるのが困難なのではないかという恐れも抱いていましたが、それができるようになるのを心待ちにしていました。

コースが始まる朝、彼女はとても神経質になっていて胃のあたりに痛みを感じていました。それでも上手にチャネリングができたので、その出来映えに満足していました。チャネリングした時に声が変わり、ガイドの影響で明らかに彼女のものではないジェスチャーをしていました。ほとんど明晰で次元の高い情報を伝えていました。約四カ月後、電話でこう語ってくれました「チャネリングに興味を示したり協力してくれる友だちがいないので、問題が起きています」と。そしてガイドとのつながりが、以前のように強いものでなくなっていることに気づきました。彼女の予定では、その頃には完璧に自信を持ち、歩むべき道は何かをはっきり見極めているはずでした。そして世間にプロのチャネラーとして登場したいという希望を持っていました。

オリンはこう言いました、「あなたはまだガイドのエネルギーのほんの一部をかいま見たにすぎません。今はまだ、肉体がこれ以上のエネルギーを受け止めきれないのです。じつはガイドが少し早くきてしまい、あなたの大いなる情熱のために当初の予定よりも高いところへ連れて行ってしまったのです。そこでガイドはあなたの肉体、感情、外側の世界が追いつくまで少し手加減をすることにしました。ガイドは一度に膨大な量のデータを伝達していますが、あなたが情報を消化し自分でチャネルを開いたまま維持できるようになるまで、次の伝達の時期をしばらく待っています。波が去っていくように感じても心配しないでください。それは潮が引いていくようなもので、またいずれ満ちてきます。ガイドはあなたに考える時間を与えていますが、それはあなたがガイドに依存するようになったり、自分の知恵をチャネリングから受け取ったものだけだと誤解しないようにするためです。

忍耐強くいてください！　ガイドを知る過程を楽しんでください。人生が形を整えていく時間を取ってください。初期の段階においてこそ、より多くの成長と豊かさを受け取ることができます。あなたは歩き始めた子供のようなもので、世のなかを歩けるように練習して安定するまでに時間が必要なのです。後に自分の仕事を世に出すことになるでしょうが、まず最初は強くしっかりとした基盤を体験とその知恵に基づいて築き上げることです。仕事を変えてプロとしてチャネリングを他人に提供するには、内面的な自己がかなりの変化をとげなければなりません。準備ができるまでに何年もかかるかもしれません。真の自信はガイドによって与えられるものではなく、それはあなたが自分に与える贈り物です。一見関係のないことでも、やることすべてがより高次元の道への歩みを早めてくれます。ひとたび自分の道に従う意志表示をすると、起こることすべてがそれを助けてくれます。

自分の道にあるということは、有名になって大勢の人々がリーディングにやってくることだと思い描いているかもしれません。しかし、あなたがより高い意識に到達することこそが、他の人を救うためにもっとも重要なのです。それはあなたが成長するにつれ、人々に向けての放送局となるからです。音叉《おんさ》のような役割を担い、人がその周りにいるだけでより高い意識を体験できるようになります。数多くの偉大な教師たちは、模範を示したり、みずからの体験を通して教えを伝えてきました。その人のそばにいるだけで、人々は悟りのような体験をしてきました。意識が高まっていくにつれ、自分自身の道を歩むようになります。特定の情報や細かいことや形は後からやってきます。望むものは時がくればやってきます。

ガイドは、あなたの道はこれだと指し示してはくれません。自分でそれを見出せるように、より高い波動に到達することを助けてくれるのです。今はガイドは高次元の領域からの高い波動を安定し、強めることをサイ優先しているのです。すでにガイドは、より高い次元から見て思考するように助けてくれていますが、あなたにはまだそれがわかっていません。その変化は穏やかで今までの方向性に沿ったものだからです。すぐに外側の世界も、内側の世界に追いついていくでしょう。外側の世界よりも内側の世界の進歩のほうに、変化の力点が置かれるようになります。この期間を通過した後、ガイドから別次元の情報を受け取れるようになります。あなたは欲求不満を感じるかもしれません。今の成長の過程はハートを開くこと、自分とガイドに誠実であること、求めるものを自分は受け取ることができるという信頼を学ぶことです。これはスピリチュアルに開いていく過程の一部であり、進化していく限り続いていくものです」。

このリーディングのおかげで彼女は不満や不安を解消し、チャネリングをもっと楽しめるようになりました。ひとたび恐れを手放すと、望んでいた変化が起こり始めました。仕事で昇進し給料が増えて、野球も始め、体重が減っていきました。彼女は一時チャネリングをやめていましたが六カ月後再び元に戻り、今ではガイドと強く安定したつながりを保っています。一年半後、友人と一緒に小売店を始めるチャンスが現実のものとなったそうです。それは予想どおりではありませんでしたが、みずからビジネスを学ぶことは、プロのチャネラーとなるステップだと思いました。そこから他人に奉仕すること、お金をやりくりすることなど、役立つスキルを学びました。「やってくるものを信頼し、ある特定のやり方で物事が起こるように仕組もうという考えを手放すことを学んでいます」と彼女は語っていました。

❖ 仲間のなかでの新たな役割

オリンとダベン

あなたがガイドと行っているワークを敬意をもって表現してください。チャネリングに反映される信頼感や思いやりによって、人々がそれにどう反応するかが変わってきます。チャネリングで提示されるものは――言葉、細部への気配り、風貌も含め――ワークの質を他の人々に示します。慎重に時間をかけて、正確に細部までチャネリングして、ガイドが最大限に輝く状態で表現されるようにしてください。あなたの誠実さ、愛、パーソナリティもリーディングに反映されます。あなたは地上におけるガイドの代理役なのです。

リーディングをする時、あなたはまるで人生のカウンセラーのようです。スピリチュアルな成長を含め、人生のあらゆる局面で人々の助けになることが役割なのです。あなたは教師やヒーラーとして他人の目に映るでしょう。他人のためにチャネリングをしていると、自分のアイデンティティが変わることがあります。ガイドは、普段のあなたよりも権威と力を感じさせるような話し方をさせるでしょう。他人の目にはあなたに権威があり主導権を握っているように映るかもしれません。新しい次元の知恵を語ることに慣れる必要があります。人によってはこの新しい役割を担うことが、チャネリングする時に一番難しい部分なのです。この役割は、人々を偉大なる方法で救う機会を与えてくれるとともに、大いなる誠実さをもって行動する責任を課します。

人を自分の周囲に集めなければならないとは思わないでください。自分が一番良く奉仕できて、ワークが魂の次元で役立つような相手がくるように願ってください。すると、そういう人たちが集まってきます。自分と同じ波動を持ち、ワークを評価してくれる人を引きつけたいと思うでしょう。エネルギーを外へ出すよりも、そういう人々を「引きつけ」てください。自分を磁石に見立て、自分が提供するもので成長してくれて、それを役立てることのできる人を引きつけるのだと思ってください。

チャネリングしていくと、あなたはより多くの光を放射するようになり、より人々を引きつけるようになります。

あなたは同じ加速された成長の道を歩む人々や、新たな興味につながる人々を自然に引きつけるようになっていきます。近い未来、自分が今までと違ったタイプの人々と一緒にいるのを楽しんでいるのに気づくでしょう。成長に興味のない古い友だちは去っていくでしょう。人生に何の目的も持てない人々といても、もう楽しめないでしょう。友だちとの古い問題を解決する機会も出てくるでしょう。また自分に準備ができると、新しい友だちがやってくるでしょう。

❖ チャネリングを人にどう説明するか

デュエン

チャネリングを学んだ人の多くが、チャネリングのこと、それが何であるのかを友だちに説明したがっています。しかしチャネリングは体験なので、他の体験と同様に説明するのが難しいのです。チャネリングはまた、その人個人にとって意味のある現実の一部でもあります。チャネリングを説明したいのなら、自分自身の体験から話すのが一番いいでしょう。自分にとってチャネリングがどんな意味があるのかといったことや、自分のチャネリング体験をまず話してみてください。

チャネリングのことを話して聞かせると、相手の反応はとても熱心に「それはすごい。もっと知りたい！」というものから、「そんなのありえない」とか「それは危険だ！」というものまで様々でしょう。一番目の反応を示す人々との新たな友情ができたら、情熱のおもむくままに進んでください。二番目の反応に遭遇した時はびっくりするか、どうしていいかわからなくなるかもしれません。そこで私たちの体験や、オリンとダベンの助言をご紹介しましょう。

まず第一に疑いに遭遇したら、それに理解を示し防御的にならないでください。その友人がチャネリングという現象にはじめて疑問を投げかけたのではないし、不信を抱いたわけでもないということを忘れないでください。あなた自身も一度はチャネリングに疑問を抱いたことがあるでしょう。チャネリングを体験したことのない人や、信じない人に「証明」しようとすると、かえってお互いの現実が分離してしまいます。何も証明する必要はありません。他人の思考や意見ではなく、内側で「知っていること」が究極の権威づけとなります。自分の誠実さに目をそむけないでいてください。誰しも他の人に提供すべきものは、究極的にはその人の生きざまの一部だからです。内側の真実とチャネリングを使って、人生を十分に生きてください。人々が自分の真実を保てるように手助けすることは、あなたにとっても重要なことです。人によっては、こうした考えを受け入れるのに一生かかります。心当たりがあるかもしれませんが、あなたは他人を恐れています。オープンなままでいて今の瞬間にとどまり、周囲の人々がより高い意識の次元に到達し、語ることに耳を傾けていてください。その人たちが成長していくと、こうした概念を語り合うためにあなたを探しにやってきます。

ガイドがいることを「証明」し、チャネリングの過程が「有効な」ものだと示すことを通じて、より奥深い困難さに直面していきます。最後に私たちはいかなる証明も、その人個人にとっての証明であるという結論に達しました。何かを真実として受け入れる時、自分の基準に沿って事実を調査、比較します。そのテストを通過すると、それを証明されたものとして受け入れ、現実の見方の基準をそこに置き、それに基づいて行動します。私たちは日々の物事を、その底流の仮定にすぎない概念を調べることもなく、すでに証明されたものとして受け入れています。確かに起こったことすべてを「証明」するために時間と労力をさいていたら、ワーク自体はさほど進まなかったでしょう。
私たちがこういうものだと信じている世界は、本当は個人的な信念なのです。原子の存在は実際に見ることができなくても事実として受け入れられています。高速道路の状況から世界各地のニュースまで、私たちはあらゆる情報を受け入れています。証拠を求めることもなく、情報を提供している人々が注意深い観察者であり、そのトピックについて正確な結論を出せるほどに熟知していると信じつつ受け入れています。実際私たちは、時々情報の信憑性を確かめているのですが、情報を提供する側の結論や観測が自分たちのものとは違うと気づいています。究極的には、私たち自身の個人的な体験が一番です。

私たちの信じているものが、あまりにも長い間確かめられずにいると役立たなくなる時もあります。地上が平らだと信じられていたために、新しい領土が発見されるまで長い長い年月を要しました。チャネリングは、社会通念が長い間その信憑性を確かめることを怠ってきた領域の一つです。今、みなさんのような人々によって再調査され始めたところです。チャネリングは、私たちが現実の性質に関して信じていることを試し、何が可能かについて人類の既成概念を拡大する偉大なる可能性を与えてくれます。そして進化の現段階において、人類が「証明」できる最先端の概念に触れさせてくれます。こうした概念は私たちがどう自分たちを見るか、また哲学、宗教、科学の基盤からどう見るかに影響を与えます。これらの変化は、本当に人類の規範を移行させる力を持っています。チャネリングはすぐに変容に向けて人を開いていきます。そして死後の世界や、宇宙での知的生活、物質の性質、生態学的な性質についての思想の枠組みを超えていくことを教えてくれます。これはチャネリングがもたらす変化のほんの始まりにすぎません。

科学は、何かが「本物」であることを証明するために使われてきました。これはある意味で、科学者たちが同じ科学者仲間の発見に信頼を置いているためです。他の科学者たちによって正直かつ誠実に、正確な情報として伝えられてきたデータに基づく結論はめったに疑われることはありません。その結論が彼ら自身や社会の見解で受け入れられているものであればおそらく真実でしょう。そうした結論は底流となり、ときには隠蔽《いんぺい》されることもありますが、仮説として科学者たちの研究の基盤となります。このような底流となっている仮説の間違いが後から発見されることもあります。科学の歴史をかじったことのある人なら、まだ真実だと証明されていない理論が、世界の視野を大きく変えてきたのを知っているはずです。しかもそれらの理論は、そこに含まれている問題を真に調査されることもなく、その時代には既存の科学理論から拒絶されていました。

時々、科学者の目からチャネリングを見てみると、何か魅力的なことが起こります。チャネリングは、科学者が広い意味で呼んでいる「超常現象」というものに属します。「超常」という言葉自体が問題です。「超常」という言葉は、一般的に通常の現実を逸したものを表現するために使われています。科学者たちは現実の性質を定義しようとしています。超常現象というラベルづけは通常の現実に属さないものという意味合いを含んでいるので、それは明らかにはじめから科学者の論理において、はみ出し者なのです。このことは超常現象は起こっていないか、起こっていると判断するかのどちらかであり、説明できないものは正気ならば無視するものだという科学者の典型的態度にも現れています。どちらの態度も、トレーニングを受けて現象を探究してきた人たちにとっては興味深いものです。うまくいけば予期しなかったことが思いがけず証明されるかもしれません。

新しい分野を探究する時には、未知のものに遭遇するものです。人々の多くは、不安を抱きつつ未知のものに向き合います。人はそれぞれ恐れ、興奮を抱く部分が違います。どの社会にも、それぞれ恐れや興奮を抱く部分があるものです。このように説明のつかないものを公衆の前にさらすことに対し、社会的に抵抗が起こることもあります。しかし、未知のものが既知のものになると、恐れは克服され新しい概念として情熱的に迎え入れられるのです。

私がニューエイジ的なものについて研究を始めた頃は、頑固な疑いを抱いていました。でもそれから数年の間、明確な体験が何度かあり、自己探究の洞察が豊かになっていきました。すると証拠の比重が無視できないくらいに重くなり、私の信念は次第に変わっていきました。自分の体験が科学的に説明も証明もできないものであっても価値があり、驚くべきことに矛盾のない信頼のおけるものだとわかり驚きました。手短に言えば、それらは結果をつくり出したのです。

体験的な現象として証明するのが困難であるため、私たちがそう定義しているように、チャネリングで観察される事実に注目することがもっとも重要だと思います。それが現実世界やスピリチュアルな世界で、人々にポジティブで注目に値する貢献をしているということに目を向けることです。私たちが見てきたチャネラーたちには、生産性の高い活動をしている人たちがたくさんいます。実際その多くは社会的信望を集めている人たちです。意識的にチャネリングを始め、人生のストーリーが導くままに色々な方法でそれを利用する以前から、すでに繁栄と成功をおさめてきた人たちがたくさんいます。チャネリングを始めた後、彼らはさらに成功し、人生に素晴らしい秩序をつくり上げています。

科学者という立場から今チャネリングを見てみると、すでにたくさんのことを「知って」はいますが、まだ科学的に証明することはできません。現在の現実のとらえ方では説明できないような何かが起こっていると納得できる外的、間接的な事実は豊富にあります。チャネリングが確固とした基盤の上に、ポジティブな結果を生み出しているのが見て取れます。私はチャネリングが「真実」だと証明するのをやめて、「役に立つものなら利用しよう」というビジネス的な考え方にアプローチを変えました。

❖ 一般の人々の前に出る

サネヤとデュエン

みなさんのなかには、チャネリングを学んだ後、他の人よりも早く大衆の前に姿を現す人もいるでしょう。一般の人の前にいつ出るかについては自分の内なる感覚に耳を傾け、まだ未熟な段階で人のためにリーディングをしなければならないとは思わないでください。すぐ世に出て成功する人たちは、すでにカウンセラーやヒーラーとしての経験を持っていたり、人に話をしたり助けた経験を持っていることが多いのです。

ジュリーという女性は、ボディワークを学びプロのカウンセラーとして仕事をしていましたが、地方の女子大学で講義を依頼されました。彼女はプロのカウンセラーとして、とても保守的な女学生たちを相手に、毎年自分が選んだテーマについて講義をしていました。一カ月前にチャネリングを始めたばかりで、ガイドは最近彼女がしたチャネリングの体験をぜひみんなの前で話してほしいと頼んできました。彼女は始めはそんなことをしようとは思ってもいませんでした。反発されたり、危ない橋を渡っていると人に言われたくなかったからです。彼女はガイドに「できない」旨を伝え、普通のスピーチを用意しました。ところがスピーチの直前に、教室の前列に座っていた時、内側でシフトが起ったのです。彼女はリスクを冒し、ガイドを信頼することにして、女学生たちにチャネリングの体験を語り始めました。その反応は驚くべきものでした。学生たちは講義に魅了され、それについて可能な限り学ぶことを希望したのです。冷淡で懐疑的なものとはかけ離れた反応を示し、学生たちはそのテーマをいたく気に入った様子でした。たくさんの学生が、それまで人に笑われるのではないかと秘密にしてきた体験について語り始めました。彼女は「学生たちの親密で温かい反応は、今までに体験したことのないものでした」と語ってくれました。

これに勇気づけられて、ジュリーは自宅で毎月集まりを開き、自分のガイドであるジェイソンをクライアントのためにチャネリングすることにしました。ガイドは毎週テーマをピックアップして、集まったグループのためにチャネリングをしました。この集まりに継続して参加する人は次第に増えてゆき、そこでチャネリングされたものを基に本を書き始めました。個人的な練習だったものがとても大きな集まりになったので、自分に会うためにやってくる人たちに対処する方法を考える必要が出てきました。彼女はデュエンとともに学びながら、クレアボヤントの能力を習得していきました。そして私たちと共にワークしチャネリング・コースを通じてたくさんの参加者たちのエネルギーを調和させながらサポートをしてきました。

ジュリーは何年もカウンセリングやクラス指導の経験があったので、一般の人たちにチャネリングを紹介する準備ができていました。自分がやりやすいペースを尊重してください。忍耐強くいてください。ガイドとのワークは、自然なスピードで姿を現していきます。

❖ 他のチャネラーとの関わり

オリンとダベン

参加者の多くは自分のチャネリングの能力を開発しようとしていますが、他の人たちが能力を開発するのを手伝ったり励ましたりすることも大事です。一人ひとりが価値のある貢献をすることができます。チャネリングの能力が開くと、あなたはチャネリングをしている人たちの大きなコミュニティの一員となります。みんなが新しいやり方で考え、行動をするようになるので、より高くより愛にあふれた思考形態が世界に広まっていきます。形は思考についていきます。もっともっとたくさんの人がチャネルを開いて、より高い次元につながるまでに進化させ、日常生活を通じてより多くの光をもたらすようになれば、地球に本当の変化が起こってきます。より高い領域では、マインドが似ているグループと一緒にワークをすると多くのことが成し遂げられます。もっとたくさんの人が開けば、それが地球の周囲に光のネットワークをつくり、人類の可能性を高めることになります。共にワークしサポートし合いお互いを力づけることで、一人ひとりがそれぞれ進むべき方向へ進んで行くでしょう。

お互いの成功を祝いましょう——
みんなのためにポジティブで高いヴィジョンを保ちましょう。

他のチャネラーがチャネリングしているガイドについてどう思うか質問されることもあるかもしれません。どんなテーマにも複数の視点があるものです。人生におけるどんなテーマでも、可能な限り高い次元からの視点を持つことは成長の一部となります。誰かにガイドについて質問をされた時、その人がガイドを良いもの悪いものと決めつける態度でなく、またあなたがあれこれ自分の意見に固執しているのでなければ、こう聞き返してください、「ガイドやその意見を通して、特にどんな情報を得たいですか?」。それから質問に答えてください。もしその情報が誰かから聞いたものなら、ガイドが伝えたがっていることを正確に学び取ろうとしてください。もっとも高次元のガイドでさえ、ときにはあなたが知らないこと、同意できないこと、異なる視点を持っていることについて語ります。これは当然あなたが自分の体験に従っているからで、ガイドが間違っているというわけではありません。こう考えることで、他のガイドが正しいとか間違っているという枠組みで「判断」しなければならないという思いこみを消し去ることができます。代わりにそのテーマについてのあなた自身やガイドの視点に応えられるようになります。

よく自分のワークを本に書いたり、クラスで教えたりするのは無意味だと考えている人がいるようです。それはすでに多くの人たちが同じことをしているからです。今までに自分のワークを表現してきた人たちはみな、あなたのワークが世間に認められやすい環境をつくってきてくれたのです。人類の進化という偉大な計画があり、一人ひとりが特別な役割を担っています。今起こっている高次の意識へのシフトは、一人でつくり出してきたものではありません。誰もが価値のある貢献をしています。

同じことをしている人がたくさんいるからといって、邪魔されていると思わないでください。より良い本を待っている人が必ずいます。あるテーマについて何冊か本が出ていても、書きたいという強い願望があるなら自分の本を書いてください。あなたのメッセージやそれを伝える言葉、ワークにこめられたエネルギーが、他の著者の本とは異なる読者を引きつけます。教えようとしていることと同じことを教えている人がいても、自分のクラスを開いてください。それはあなたのエネルギーを伝え、その教えを必要としている人たちに届き、彼ら独自のやり方で開いていく助けになります。みなさん一人ひとりのクラスが満員になり、本が売れるでしょうし、そうしたサービスや製品を必要としている人たちは十分に存在するのです。

新しい思考形態をもたらす、あらゆる人々が異なる分野から同じメッセージを発することが求められています。同じ概念に触れる機会が多いほど、またそれが異なる人々によって別々の言い方をされるほど、より真実となっていきます。より強い真実となっていくにつれ、他の人々にも影響を与える意識のシフトが起こります。前進してください。あなたが本当に望むなら、そのワークを世間に公開してください。

17章 チャネリング――時は今

❖過去のチャネリング

サネヤとデュエン

異なる次元の存在とつながることに対する人々の興味は、今に始まったわけではありません。ここでは有名なチャネラーについての基本情報と、最近のチャネリング史のハイライトを簡単に解説します。現在優秀なチャネラーが数多く活躍しています。ガイドとチャネリングについてもっと知るために、興味のおもむくままに彼らの著書、クラス、ビデオテープなど当たってみてください。過去においてスピリットとつながる能力を持つ人々は、みずからを「ミディアム（霊媒）」と称していました。トランス状態に入ってスピリットを呼ぶ人々は、特に「トランス・ミディアム」と呼ばれていました。この表現は、最近では「チャネラー」に変わりました。

十九世紀の中頃、一般大衆の興味はスピリットとのコミュニケーションに向け非常に高まってきました。テーブルのラップ現象、テレキネシス（見えない力で物体を動かすこと）、物質化現象（スピリットの顔、目、手、全身が一時的に見えるようになること）、浮揚《ふよう》現象（見えない力で物体を地面から浮かせること）その他数々の説明不可能な現象が起こりました。スピリットとのコミュニケーションは一八六二年ネッティー・コルバーンによって報告され、世に知られるようになりました。彼は力量のある若いミディアムで、奴隷解放宣言の前夜、ホワイトハウスでリンカーン大統領にトランス状態でのリーディングを行いました。

ジョン・フォックスとフォックス姉妹は、十九世紀なかばにスピリチュアリスト・ムーヴメントを起こし、大衆の人気をスピリットの世界に引きつける役割を果たしました。そのきっかけは新しい家に引っ越した後に気づいた明確なラップ現象、ノック音、物音でした。ある夜、フォックス夫人は物音に我慢できなくなり「そこに誰かいるの」と声をかけました。「もしイエスなら二回、ノーなら一回、ラップ音をたててください」。スピリットとのコミュニケーションは一瞬にして成立しました。イエスの答えがあって、その後ラップ音はありませんでしたが、音の主は以前その家に住んでいた三十一才の男性のスピリットだとわかりました。そのスピリットは「私は何者かに殺害され、死体が地下室にあります」と告げました。数週間のうちに、何百人という人がラップ現象を聞きにやってきました。一柱の骸骨《がいこつ》が、スピリットが告げた場所から発見されました。ジョンと夫人との間には三人の娘がいて、後にフォックス姉妹として知られるようになりました。彼女たちの行くところどこでもラップ現象が始まったので、姉妹はミディアムとなり一般の人々に向けて集まりを開くようになりました。ミディアムとしての仕事を始めて、数多くの有名人がセッションにおしかけ、フォックス姉妹は大衆の話題の的となりました。面白いことに姉妹に会いにきた人たちのなかにも、ミディアムになってしまう人がたくさん出てきました。姉妹のそばにいるだけで、周りの人も能力が開いていくようでした。

当時は他にもたくさんミディアムと呼ばれる人たちがいて、彼らにも一般の関心が向いていきました。ダニエル・ダグラス・ホームは、もっとも偉大な物理ミディアムの一人と言っていいでしょう。浮揚現象を起こしたり、楽器なしに音楽を奏でたり、あらゆるタイプのテレキネシス現象を起こす能力を持っていました。ときには幽霊の手が見えるなど、スピリットの可視現象を引き起こすことができました。当時、最先端の研究をしていた科学者たちは彼を研究の題材にしました。しかし、これらの現象を分析し、報告書を発表したことが原因で名声や地位を失ってしまった人もいます。科学者のなかには、後にみずからミディアムとなった人もいます。ホームはその特別な才能を人々に伝える能力にもたけていました。それは周囲の人々の誠意によって支えられていました。ある時、彼は炎に対する抵抗力を一人の女性に伝授しました。ダニエルは彼女の手をとり、そこに赤く焼けた石炭をのせました。彼女は「石炭が大理石のように冷たかった」と証言しています。その直後、彼の助けなしでもう一度石炭を握ろうとしましたが、「火傷するわ」と言ってすぐに手を引っこめてしまいました。

レブ・スタイントン・モーゼスは、別の有名なミディアムで、テーブルの浮揚現象など物理的な証拠の記録を文書でたくさん残しています。彼はガイドから受け取ったインスピレーションを自動書記する際に、意識を保ち、自分の思考が入らないようにすることができました。「自分の思考が、ガイドとのコミュニケーションでテーマとなっている物事に干渉しているかどうか推測してみるのは面白いものです。そうしたものが混入しないようにするために、私は大変な苦痛を味わいました。始めのうちはゆっくりとしたペースで、自分が書いたものを目で追いながら書く必要がありましたが、その頃浮かんでくる思考はすでに自分のものではありませんでした。すぐにメッセージの内容から、それがどういうものであれ自分の意見と反対だとわかりました。それでも私は、書き物をしている間に自分のマインドで他のことを考える力を開発しました」と、彼は記しています。スタイトン・モーゼスは、インスピレーションを与えてくれるような高次元のガイドをチャネルし、チャネリングに対する信頼度を高めることに大きく貢献しました。しかし病気が再発し、度々チャネリングの能力を失ってしまう時期がありました。

アンドリュー・ジャクソン・デイビスは、その著書『Principles of Nature, Her Divine Relations』でスピリチュアリズムに大きな衝撃を与えました。ある夜、彼は半トランス状態のままベッドを起き出し、翌日四十マイルも離れた山中で意識を取り戻しました。彼によるとずっと前に亡くなった二人の哲学者に、内的な幻想状態に入るための手助けをしてもらったというのです。それから十五カ月を、自分が専門としている数々のワークのテーマをチャネリングし、口述することに費やしました。そこには非常に広範囲にわたった驚くべき内容の情報が記されていました。その多くは後に科学的観点から正しかったと証明されています。そのなかには、彼が知らないはずの情報も含まれていました。惑星は九つあるという記述があったのですが、その当時は八つ目の惑星があることはまだ仮説で、惑星は七つしかないと考えられていました。

当時の有名なミディアムであるパイパー夫人は、もっとも数多くのテストに協力した人物と言っていいでしょう。チャネリングを始めたのは二十二才の時で、別のガイドが降りてくるまで八年間一人のガイドのメッセージを伝えてきました。彼女のガイドたちは、人の過去について詳しく正確に伝える能力がありました。内容は彼女が知り得ないようなものでしたが、テストという状況のもとでは日付や個別の内容を伝えるのに支障をきたすようでした。注目すべきは当時活躍していた有名なチャネラーたちでさえ、テスト状況では名前、日付などの個別情報を伝える時に支障をきたしたということです。それでもガイドは、その人の人生やスピリチュアルな成長のために重要で役立つものだと判断した情報は伝えることができました。

パイパー夫人はホジソン博士によるテストを受けました。博士は、ミディアムの伝える情報の正確さを分析し、サイキック世界のシャーロック・ホームズ的な人物になりました。彼は夫人にテスト後の一昼夜滞在してもらい、人々の情報を秘密に入手していないかどうかを確認していました。リーディングはカーテン越しに行われ、仮名でスミスと名を告げる人々と直接対面することはできませんでした。何度も繰り返しクライアントについての詳細な情報が記録され、その正確さが検証されました。徐々に初期のガイドたちは去っていき、その後インペレーターグループ*と名のる集団から伝えられてくる高次のガイダンスをチャネリングできるようになりました。より高次元のガイドとつながるほど、以前は苦手だったトランス状態に入るための過程に静かに平和に楽に移行していけるようになりました。

同じ頃、フランス人のアラン・カーデックがスピリットとのコミュニケーションについて『The Book of Mediums and Spirit Guides』などを含む多数の著書を残していますが、これらの本は現在も入手可能です。初期のチャネリングの歴史についてもっと知りたければ、一九三四年ナドール・フォドールによって記され、後に改訂された『An Encyclopedia of Psychic Science』は一読する価値があるでしょう。

*インペレーターグループ……皇帝、君主の意

ブラヴァツキー夫人は、当時もっとも影響力のある議論好きのミディアムとして知られていました。一九三一年ウクライナに生まれ、イギリス、カナダ、インド、ギリシャを旅し、行く先々で通常考えられないような物理現象を起こしました。その後ヘンリー・オルコットと共に神智学協会を設立しました。最初の著書『Isis Unveiled（ヴェールを脱いだイシス）』は現在でも精神世界の古典となっていますが、古代宗教の復興について語り、それらを今日の宗教に背後から影響を与えるものとして位置づけています。彼女はモリヤ、クートゥフーミなどを含むヒマラヤのマスターたちやチベットのジュワルクールなど秘密のハイアラーキーに啓発され共にワークしていると感じていました。マスターたちは、インドのA・P・シネットをはじめ彼女の何人かの友人にマハトマ・レターズ（大師方からの書簡集）として知られる手紙をたくさん送ってきました。手紙は天井から落ちてきたり、皿の上に現れたり、ポケットのなかに入っているといった形で届けられました。マスターたちが本当にいたのかどうか、手紙はブラヴァツキー夫人ではなく本当にそのマスターたちが書いたものなのか、当時かなりの議論をよびました。後になって彼女は、東洋のマスターたちから主著である『The Secret Doctrine（シークレット・ドクトリン）』を著すための指示を受けたと語っています。そのなかに、すべてのオカルト宗教やオカルト組織は一つの根源から発しているという記述があります。その根源は隠された秘密の場所にあり、暗号や秘密のシンボルによってのみ明かされると信じられています。

神智学協会は高い評価を得て現在も存続していますが、ブラヴァツキー夫人は偉大なマスターたちに関する西洋的な信念のなかで強い影響力を持っています。彼女のワークはアニー・ベザントとチャールズ・リードビーダーによって受け継がれ、彼らの手によって二十世紀の始めに思考形態、クレアボヤント（透視）、カルマ、チャクラ、スピリットガイドなど様々な秘教的題材について書物が著されました。

一九一九年、このワークに大きな貢献をしたアリス・ベイリーという若い女性が、チベットのマスターであるジュワル・クールからの情報を受け取り始め、非常に価値のある秘教的情報に関する一連の著書を記すだけの内容を毎日のように口述するようになりました。彼女はみずから神智学協会を設立しましたが、一九二三年にアーケイン・スクールと名称を改めました。そして世界的な瞑想のネットワークであるトライアングルズをはじめルーシス・トラスト、著書を出版するためのルーシス出版など組織全体を組み立てました。著書の内容には、イニシエートの道、マスターのハイアラーキーとホワイト・ブラザーフッド、マスターになる時に体験するイニシエーションなどが含まれています。そこでは世界奉仕が強調されています。「ニューエイジ」という言葉は、彼女の著作から引用されたものです。

第一次世界大戦後、国家的不況や科学技術への関心の高まりから、スピリチュアリズムへの最初の頃のような大衆の関心が薄れ、そうしたトピックは新聞の一面を飾る記事ではなくなってしまいました。論理的で左脳的な思考が、科学的な発明や新しい技術の波と共に世のなかの主流となっていきました。

エドガー・ケイシーは「眠れる予言者」と呼ばれていますが、彼は二十世紀の中頃にチャネリング現象への国民的関心を新たに復活させる役割を果たしました。催眠状態に入ると、彼は何千マイルも離れたところにいる人たちの病気の治療法など驚くような情報を伝えてきました。彼はそのワークや人生について記したたくさんの著書のなかで、様々な題材について深遠な哲学的議論を展開しています。人類に貢献することに身を捧げた彼の重要なワークをA・R・Eファンデーションが今日も引き継いでいます。そのヒーリングの方法やチャネリングされた情報はファイルに保存され、バージニア州バージニア・ビーチの協会本部で一般に公開されています。

近年、ジェーン・ロバーツによってチャネリングされた情報は多くの人たちの目を開きました。一九六〇年代から彼女とそのガイドであるセスは、様々な題材についての大量の情報と哲学的議論をチャネリングしました。その著書はよく書かれていて、情報が豊富で、多くのメタフィジカルで秘教的な題材についてポジティブな姿勢をとっています。それらは一人ひとりが自分自身を信頼していける力を持ち、自分が望むものを何でも創造していく内なる力を秘めていることを教えてくれます。代表的な著作の一つである『The Nature of Personal Reality（人間の存在の本性）』では、現実の性質について語り、自分の信念を変えることによって外側に表れているものを変える能力について強調しています。彼女の著作によってチャネリングされた情報の質や完全さに関する基準が定まりました。この本は人々の目をガイドと出会う可能性に向けると同時に、自分自身でチャネリングすることへの人々の興味を高めました。

ガイドの物質化やテーブルのラップ音といった物理現象を起こすことのできるミディアムが、次第に減っていったことは注目すべき事実です。このことについて質問をした時、オリンとダベンは「このような現象は、最初のうちは人類を別次元の現実につながる能力に目覚めさせ、ガイドへの信頼を確立し、死後の人生を信じるよう導くために必要です」と答えています。科学的に立証できる超常現象の写真が、この分野で人類を次のレベルへの進歩に向けて目覚めさせるために必要だったのです。今はチャネリングに対する十分な理解が得られているので、もう以前のようにドラマチックな出来事は必要ではなくなりました。最近の有名なチャネラーのなかには、自分たちのガイドをドラマチックに表現する人もいて、ガイドが本物であることを一般に知ってもらうことに一役買っています。こうした現象を起こすためにガイドはたくさんのエネルギーを費やしますが、これと同じエネルギーがより人々とつながるために使われています。オリンとダベンは「意識を保った状態でのチャネリングが、人類が次の段階で開発すべき能力だ」と語っています。

❖ チャネリング——人類にチャンスがめぐってきた

オリンとダベン

宇宙的なマインドやハイアーセルフとのつながりに目覚める人がどんどん増えています。彼らは宇宙の高次元の領域に気づき始めています。歴史を通して見ると、宇宙の未知の部分と接触を持つ人はいつの時代にもいました。その人たちはシャーマン、メディスンマンまたはメディスンウーマン、先覚者、預言者、巫女、超能力者、ミディアム、チャネラー、ヒーラーといった名前で呼ばれてきました。ところが百五十年くらい前から、地上を超えて高次元の領域からのガイダンスを受け取る人たちが目立って増えてきました。科学技術的な発明の波によって、高次の領域に到達するためのエネルギーが、ここ五十年間強まってきていることが証明されています。

あなたは見えている、知られている宇宙を超えた現実とつながる能力を持っています。

多くの高次元の魂が、この時代に転生しようとしています。ここ六十年その数は増え続けていて、さらに増える勢いです。より多くの人たちがチャネリングや直観的な能力を信じるようになると、こうしたレベルに開いた人たちや、超能力、テレパシーといった通常では考えられない能力を生まれつき持った人たちが増えてきます。

チャネリングの能力が開く人は、どんどん増えていきます。

スピリチュアルな部分で成長することにエネルギーを注いでいる人々に、豊かな恩恵がもたらされる時代になりました。今、地球はエネルギーが高まり、進化は加速化しています。新しい気づきの次元に到達し、高次の領域からの情報、データを意識的にコントロールしながら受け取る能力を身につけることができます。別の次元やミディアムがもたらす自己についての情報を探究する能力が、かつてないほど高まっていくでしょう。

チャネリングの能力を持つ人もかつてないほどに増え、未来の選択肢や可能性について探究し、新時代の理解や概念に移行していくでしょう。マインドや無意識をコントロールし、超意識的自我のパワーを開いていくでしょう。別の次元や高次元の領域を旅する人の数が増えるほど、今までこのような地平を旅しなかったようなさらに多くの人たちに向けて扉が開きます。

以上のようなことすべてが今起こっているのは偶然ではありません。様々な力が人類に影響を与えています。地球を超えた次元で変化が起こっています。今まで人が到達できなかったような現実の別次元に入る扉が開いてきています。二つの次元が交差して一緒に動いています。そこでは、以前なら極端に繊細な少数の人々でなければ容易に到達することができなかったようなより高い次元に、望む人なら誰でもアクセスできるようになっています。スピリチュアルな自己とつながっている人たちに、こうした変化が感じ取りやすくなってくると、それは他の人々にもある程度の影響を与えるようになっていきます。

地球の波動は、段階的に上昇し続けています。進歩の早い人が何人か出現することでそのことがわかります。時間の性質が変化してきています。直線的な時間の流れから、より直感的時間感覚へと移行しつつあります。重力が微妙に変化しています、地球の電磁場の波動に変化が起こってきています。

百五十年くらい前から、「超感覚的知覚」（ＥＳＰ）という新しい知覚能力が伸びてきました。超感覚的知覚とは、予知能力（未来の出来事を知る能力）、テレパシー（思考の伝達）、クレアボヤンス（通常は見えないエネルギー、他の次元にあるものを見る能力）といったものです。こうした能力は、自分のスピリチュアルなセンターが活性化したり、地球が変化することによって向上していきます。地球の変化はたくさんの人々に影響を与え、人類という集団の未来の可能性と方向性を変えていきます。

テレパシー能力があれば、これまで見たことのないような世界を見ることができます。あなたは想像しているよりも高いテレパシー能力を持っています。テレパシーは他人からの思考、すなわちインパルスを受信し、思考をひとつの次元や現実から別の次元や現実へと伝達する能力です。テレパシー能力が進化するということは、飛行機や車よりも速く移動できる乗り物を開発するのと同じようなものです。テレパシーは、他の手段では行くことのできないような場所へ旅する能力を与えてくれます。

あなたの目には虹のスペクトルしか見えていません。目に見えない領域、電磁場、赤外線、紫外線の波動数などの存在を忘れてしまっていることもあります。しかし、なかには通常の視覚で認知できない波動を感じる能力を開発している人もいます。この波動のなかで、ガイドや私たちのような存在のいる領域に接することができます。テレパシー能力を向上させ、気づきを繊細に調整することによって、植物、クリスタル、他の領域からやってきた存在などとコミュニケーションを取ることができるようになります。

このような目に見えないものに到達する能力があることは、真の次元があるにも関わらず、まだそれほど受け入れられていません。しかし死後の世界が信じられているように、地上的なものを超えた存在の次元があるという信念が世界的に高まってきています。霊的ガイドがいるという可能性を受け入れようという態度が、非常に強まってきました。今日見られるようなチャネリングや霊的ガイドへの熱意や興奮は、意識的にガイドとつながりたいと願っている人たちがそれを実現するための大きな後押しとなっています。昔よりも超常能力（ESP）的な気づきによってもたらされる情報への信頼度が高くなってきています。

人類に黄金時代が到来しつつあります。

今現在、地球に打ちつけられているエネルギーは、あなたが焦点を当てているものにエネルギーをもたらし活性化します。スピリチュアルな道にすでに焦点を合わせてきた人たちは、この新しいエネルギーによって今までにないほどうまくワークができるようになります。扉が開こうとしています。関係性が改善されていきます。自分が内側を見つめていることに気づき、そこに求めていた答えを見出すでしょう。古いものを手放し新しいものを受け入れるために、一時的に困難な状況がやってくるでしょう。ほとんどの人がすでにこの調整の時期を通過していると思います。その向こう側には、豊かさ、愛、成功に満ちたより良い人生があります。やってくるレッスンを正しく受け止めて、より高い波動を操るための準備をしていることを理解してください。

他の人たちがまだ苦しみ、困難な状況にあるのを見ることもあるでしょう。ニュースではまだ障害となるような世界の出来事を目にすることもあるでしょう。高次の領域に到達すると、一つの課題が出てきます。それは他人とつながるよりも、高次の領域とつながるほうがよりバランスが取れると理解することです。このつながりをつくることで、他の人たちのバランスを取り安定させることもできます。恐怖にとらわれている人よりも、新しい波動に合わせて調整しようと困難に直面している人々を助けることのほうが重要です。チャネルが開いていくと、あなたは光をかかげる者となり、他の人をポジティブに励まし方向づけるようになります。今、とても大きなチャンスが到来しています。音楽、アート、文学といった文化的表現における人類の偉業が、この高い波動の影響によってつくり出されようとしています。

❖ さあ始めましょう

サネヤとデュエン

オリンとダベンが、私たちにチャネリングを教えるように示唆を与えてきたのは数年前のことです。それから何百人という参加者がガイドや根源の自己につながることによって、人生の指針を見出すのを見てきました。内なる教師に出会い、自分や他人を変容させる能力を開花させていきました。人生の成功者となり、より幸せで、より繁栄し、チャネリングを通じて人生の目的を発見していった人たちを見てきました。私たち自身のチャネリング体験は、人生を非常に豊かなものにしてくれたのです。オリンとダベンは、愛、ガイダンス、成長の不変の源です。

私たち自身や他の人の体験から言えることは、チャネリングこそ学ぶことのできるスキルです。ガイドは、私たちがつながりたいと願う時に必ずやってきます。オリンとダベンは正しかったのです。人々がチャネリングの能力を開いていく様子を見たり、そのサポートをすることで、私たちは深い満足感を得ることができました。人々が悟り、つまりその人が望むより高い意識に到達することは可能なのです。チャネリングはその扉の一つです。それを提供できるチャンスを与えられているのは光栄なことです。

この本を読み終える前に、自分がいつチャネリングの能力を開きガイドとつながりたいかを決めてください。それ目を閉じて静かに座り、自分のハイアーセルフにそれを始められる日はいつかと質問してみてください。それは今日かもしれないし、今から一年後かもしれません。その日付がマインドに入ってきたら、それまでにチャネリングできるように自分を方向づけられるかどうか自問してみてください。あなたにとってそれは早すぎるでしょうか、それとも準備ができるまでにまだ時間がありそうですか？　自分でこれが一番いいと感じられるまでその日付を思い描き続けてください。目を開き、カレンダーのその日付のところに印をつけ、そして忘れてください。あなたのハイアーセルフが、今からチャネリングに応じた環境、偶然一致的な出来事、成長の機会、チャネリングを起こすための物事の流れをもたらすようにしてくれます。自分自身の内なるメッセージにしたがって行動していくことで、何をしていてもチャネリングの能力を開くための準備ができるようになります。

謝辞

サネヤ・ロウマン&デュエン・パッカー

私たちが見守る中で優秀なチャネラーとなり、チャネリングの数々の場に同席してくれた友人のラ・ウナ・ハフィンズへ、その光と助力、助言に。そして友人のエド&アメリング・アルパーン夫妻へ、その成長とチャネリング能力の向上を見守らせていただいた喜びと、その変わらぬ激励に、感謝と賞賛の気持ちを送ります。

チャネリング・コースのアシスタントたち、エド・アルパーン、ジュリー・アネロ、サンディ・チャップマン、リン・クロフォード、シンディ・ハウパート、ジュディー・ヘッカーマン、コリーン・ヒックス、ジョアンナ・ホルムズ、ローンダ・ホルト、リッキ・キルッツナー、ジョアン・マーソー、スー・メイウォルド、リンダ・メリル、パトリス・ノリ、ジル・オハラ、トム・オリバー、ボブ・オーネラス、ニナ・ペイジ、シャーリー・ルンコ、ヴィンセント・スター、リー・ウォレン、フィリップ・ウェバー、シェリル・ウィンに賞賛と感謝を送ります。

またこの方々にも感謝を表します。リンダ・ジョンストン、M・D、ジャン・シェリー、ウェンディ・グレース、スコット・カタマス、シェリル・ウィリアムス、ナンシー・マックジュンキン、サンディー・ホブソン、エヴァ・ローザ、メアリー・ベス・ブラウン、マリ・アン・アンダーソン、メアリー・パット・マハン、ステイシー・マットロー、マイケル・アブドゥー、エヴァン・リター、トゥルーディー・ロンドン、ロバータ・ヒース、ロニー・ルビン、マーゴ・チャンドレー、スーザン・レヴィン、イヴ&リロイ・カーティス夫妻、ジェーン・ワンガー、ロレッタ・フェリエ、シェーラ&アール・バビー夫妻、ロブ・フリードマン、サリー・ドイチャーへ。

オフィスの運営に素晴らしい力を発揮し、ルミン・エッセンスや私たちの生活のために尽力してくださったジョージア・スクローに感謝します。またロイス・ランドー、サラ・マックジュンキン、アンディー・ソリーン、シャーリー・ルンコに感謝します。テープを録音してくれたデニス・ローズ、美術とグラフィックを担当してくれたデブラ・ロス、そしてデヴィッド・デューティ、ジャニー・カーギンに感謝します。

ロミ・フィッツパトリックをはじめとするマウイの仲間たちにも感謝します。執筆にあたっている間、助けになってくれたり、素晴らしい感謝の輪で囲んでくれました。ジーン・セント・マーチンをはじめとするダラスの仲間にも感謝します。チャネルを開く勇気を見せてくれたことに、美しいダラスの街で出会った友人たちとそのサポートに。ドロシー・キングスランドとミッシ・ジレスピーを始めとするシャスタ山の素敵な人たちへ、その助力と激励に感謝します。

様々な面で助けになり共に楽しくワークしてくれたハル&リンダ・クラマー夫妻、編集作業にあたり助言を与えてくれたグレッグ・アームストロング、そしてエレーン・ラトナー、リンダ・メリルに大きな感謝を送ります。想像力にあふれた装丁をしてくれたアビゲイル・ジョンストン、素晴らしいアートワークをしてくれたジュディス・コーネルにもたくさんの感謝を送ります。

チャネリング・コースに参加してくださったすべての方々へ、新しい意識の最前線にすすんで歩み出てくれたこと、その体験談を提供してくれたことに謝意を表します。この本を見てチャネリングをしようとしているすべての方へ、その成長へ向けての勇気と前向きさに謝意を表します。みなさんの体験談もお待ちしております。

私たちの先駆けとなった人々、特にジェーン・ロバーツ、エドガー・ケイシーに感謝します。また今ワークを公開し行っているすべてのチャネラーたちに感謝します。

そして、この本と私たち全員に可能なこの道を作ってくれたオリンとダベンに誰よりも大きな感謝を送ります。

訳者あとがき

この本と出会ったのは、ナチュラルスピリットの今井社長とはじめてお会いした時のことでした。ピンク色の表紙を見た時に、それが何とは言えないのですが、春の早朝に感じるような胸騒ぎがどこかで渦巻いているのを感じていました。

次元を引き上げるようなものが世に出る時には、それなりに大きな逆行する力が働くものだと言います。それが思いのほか熾烈《しれつ》な戦いとなることもあるのかもしれません。

翻訳には思いのほか時間がかかり、その間プライベートでも本当にたくさんの変化が訪れました。今まで筋道だてて考えていたものが壊され、たくさんの次元からの声に引きこまれ、「最良のガイドとは何か」をつかまえようともがきながら作業が大きく停滞することもありました。

そしてついに長い長いプロセスが一つの区切りを迎えることになりました。翻訳作業の完成は決して終点ではなく、あくまでもあるプロセスの一つの区切りなのだと思います。

チャネルになること、エゴの意味、時代の変遷、現実世界での生についてなど、作業をやりながら学んできた数々のテーマは、この翻訳書が世に出た後も枝葉を伸ばし自分の中で展開していくものだと信じています。それはきっとこの本を読み終えた読者のみなさんにとっても同じことなのではないでしょうか。

真実の音に聞き耳をたてる、あるいは静寂の中で真実を察知する。そのような至福の瞬間が、誰のハートにも訪れるように願っています。個人の意識のネットワークが織り成す時代の意識は、これからどのような音を聞き分けていくのでしょう？　それを思うと未来がとてもまぶしいもののように思われます。

この本と出会うきっかけをつくってくださった今井社長、最後まであきらめずに作業を進めてくださった編集の近藤さんに深い感謝と敬意を表したいと思います。

平成十七年七月　　中村知子

●著者

サネヤ・ロウマン　Sanaya Roman

愛と光の存在であるオリンを20年以上に渡りチャネリングする。著書は6冊あり、『リヴィング・ウィズ・ジョイ』『パーソナル・パワー』『スピリチュアル・グロース』『クリエイティング・マネー』（マホロバアート）が邦訳されている。

ホームページ：http://www.orindaben.com/

デュエン・パッカー　Duane Packer

愛と光の存在であるダベンをチャネリングする。地質学・地理学の博士号を持ち、チャネリングを使った独自のボディワークを専門とする。邦訳された著書には、サネヤ・ロウマンと共著の『クリエイティング・マネー』（マホロバアート）がある。

ホームページ：http://www.orindaben.com/

●訳者

中村知子（なかむら・ともこ）

1965年生まれ。癒しのワーク、瞑想などに興味を持ち、90年代にはインドへ渡航を重ねる。

編著『ウーマンズ　ボディ　アウェアネス』（宝島社）、編集『ヴィギャン・バイラヴ・タントラ』シリーズ1～5巻（市民出版社）、翻訳『ヒューマン・ブッダ』（アルテ）、ほかに雑誌記者として『スターピープル』（ナチュラルスピリット）、『気の森』『セラピスト』（BABジャパン）、『anemone』（ファーブル館）などで活躍中。

◇テープなど、著者の団体へのお問い合わせは、下記に英語でお願いいたします。
LuminEssence Productions,
P.O.Box 1310, Medford, OR 97501, U.S.A.
TEL (541)770-6700　FAX (541)770-6632
ホームページ http://www.orindaben.com

◇日本国内でのオリンとダベンのワークに興味のある方は、下記にご連絡ください。
キャッスル・イン・ザ・スカイ　代表　アナ原田
〒630-0267　奈良県生駒市仲之町4-26　Tel&FAX 0743-75-5537
ホームページ http://www.lightbody.gr.jp

オープニング・トゥ・チャネル

あなたの内なるガイドとつながる方法

●

2005年8月9日　初版発行

著者／サネヤ・ロウマン＆デュエン・パッカー

訳者／中村知子

装丁／斉藤よしのぶ

カバー写真／© アフロ

発行者／今井啓稀

発行所／株式会社ナチュラルスピリット
〒104-0061　東京都中央区銀座3-11-19 スペーシア銀座809
TEL 03-3542-0703　FAX 03-3542-0701
E-mail:info@naturalspirit.co.jp
ホームページ http://www.naturalspirit.co.jp

印刷所／電算印刷株式会社

ISBN4-931449-71-9　C0011